Informes, comunicados
y presentaciones

© Editorial De Vecchi, S. A. 2019
© [2019] Confidential Concepts International Ltd., Ireland
Subsidiary company of Confidential Concepts Inc, USA
ISBN: 978-1-64461-986-5

Simonetta Vercelli

INFORMES, COMUNICADOS Y PRESENTACIONES

dve
PUBLISHING

Índice

LOS TEXTOS ESCRITOS

LAS INTERVENCIONES EN PÚBLICO

Introducción

La diferencia entre éxito y fracaso radica en la capacidad de comunicar con sencillez y claridad. Esta afirmación es sobre todo cierta en el ambiente económico y financiero actual, enormemente competitivo.

ARAM BAKSHIAN JR.,
supervisor de los discursos del Presidente de Estados Unidos

Saber expresarse de manera clara y de acuerdo con el contexto no es una actitud innata, sino una competencia técnica que se debe adquirir y pulir continuamente.

Las organizaciones, tanto públicas como privadas, persiguen una comunicación clara y eficaz, regulada por normas y estrategias precisas. La comunicación *externa* (marketing y relaciones públicas) se preocupa por afirmar, consolidar y extender la identidad de una empresa y su presencia en el mercado. Esto es también válido para la administración pública, encaminada actualmente hacia una política de simplificación y orientación hacia el usuario-cliente y, por tanto, dirigida hacia un nuevo modo de comunicar (y realizar) la imagen y la eficacia del ente público. La comunicación *interna* de la empresa o la administración entra de lleno en el ámbito de una gestión eficaz de los recursos humanos: mejora del papeleo, reducción de pérdida de tiempo y energías, aumento de las motivaciones e iniciativas.

Paralelamente, a un nivel menor, no basta con que cada profesional disponga de sólidas cualidades técnicas: también tiene que ser capaz de exponer esas habilidades de forma sintética, clara y puntual dejando claro a los demás lo que es evidente para él. Un informe o un discurso tienen como finalidad principal transmitir datos necesarios para la toma de decisiones; de este modo son profesionalmente válidos cuando la exactitud en el contenido viene acompañada por una exposición ordenada, fluida y de acuerdo con su finalidad, con un contexto y un destinatario prefijados.

La cultura anglosajona y francesa —que incluye parte de Europa y Norteamérica— ha experimentado, codificado y difundido desde hace tiempo las normas que regulan el estilo práctico en la prosa de organización escrita y oral de los técnicos de empresa. En Italia, por ejemplo, el debate sobre la falta de una, por así llamarla, escritura funcional y sobre los reflejos negativos en el ámbito económico y de las relaciones no se inició hasta comienzos de los años setenta, partiendo principalmente del ámbito de la prensa. Los resultados no tardaron en llegar, sobre todo, en el campo de la comunicación especializada y de la empresa. El curso universitario de Ciencias de la comunicación funciona desde hace algunos años. Grandes empresas e instituciones como la Banca de Italia están revisando el estilo de sus comunicados internos y externos. En 1997 se publicó el *Manual de estilo. Instrumentos para simplificar el lenguaje de la administración pública*, señal de una necesidad prevista desde hace tiempo aunque en gran parte todavía desatendida.

La escritura técnica y profesional y la capacidad de expresarse oralmente tienen más que reconocidos su fuerte potencial y sus propias características. Este libro tiene como finalidad facilitar algunos consejos útiles para reforzar la capacidad comunicativa dentro del ámbito profesional, ya que los conocimientos proporcionados en la escuela son sólo la base sobre la que se debe construir un buen dominio lingüístico y expositivo mediante la práctica y el entrenamiento constantes.

Comunicar con eficacia supone conocer la dinámica y los factores en juego en el proceso de comunicación, dominar la disposición lógica del discurso y ese instrumento tan potente y dúctil que es la lengua. Todos esos factores son el tema de la primera parte del libro. La segunda parte está dedicada a la escritura funcional y a los diferentes tipos de texto necesarios según las circunstancias. En concreto el interés se centra en tres puntos: el manejo y orden de la información, el esquema previo, la redacción formal del texto. La tercera parte trata sobre la exposición oral: los métodos y los conceptos básicos para lograr una comunicación eficaz son comunes a la forma escrita, pero enfrentarse a un interlocutor o a un publico obliga a adoptar estrategias específicas y a controlar las ideas y las emociones para que no sean un obstáculo.

Los ejemplos y ejercicios propuestos sirven para adquirir y reforzar los expedientes técnicos, valorar las prestaciones, corregir siguiendo los consejos facilitados los materiales propios y ajenos con espíritu crítico y *labor limae*, la labor de limar que incluso los grandes poetas y escritores se imponen. La comunicación en el ámbito profesional trae consigo problemas muy amplios: la finalidad de este libro no es la de solucionarlos todos de manera exhaustiva, sino proporcionar consejos útiles a nivel general, adaptables libremente a los contextos y exigencias personales. La presentación del contenido se ha realizado de manera que se pueda leer por entero o realizar consultas puntuales para solucionar cada uno de los problemas. Todo el material propuesto se ha extraído de documentos técnicos profesionales.

Manos a la obra.

LA COMUNICACIÓN PROFESIONAL: LOS FACTORES, LAS TÉCNICAS, LA LENGUA

El proceso comunicativo

La manera más eficaz de examinar y comprender cómo obtener una comunicación profesional es analizar los procesos y las normas generales que son la base de cualquier comunicación si bien, a menudo, se aplican de forma automática, sin pensar.

Los seis elementos de la comunicación

La comunicación es un proceso complejo, independientemente de su forma y nivel. Para que resulte eficaz es necesario, en primer lugar, conocer los factores que intervienen en este proceso, del todo imprescindibles, porque cada uno de ellos juega un papel específico. Se pueden representar esquemáticamente tal y como aparecen en la figura de la parte inferior de esta página.

El *emisor* es el que produce y envía el mensaje. Puede tratarse de una persona, un grupo o una organización representada por un solo miembro. Debe quedar siempre claro quién envía el mensaje.

El *receptor* es el que recibe el mensaje y, al conocer el código en el que se ha formulado, es capaz de comprenderlo. Ser consciente de las expectativas y las necesidades ayuda a la hora de formular un mensaje conveniente y eficaz.

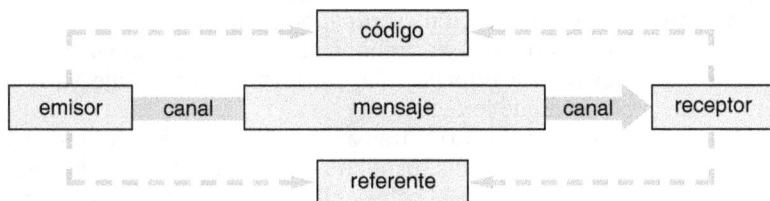

El *código* es el resultado de una convención entre el emisor y el receptor; es lo que permite que ambos se comuniquen y se comprendan. Todas las lenguas son códigos. Dentro de la lengua, cada disciplina y grupo profesional tiende a producir y utilizar un subcódigo específico: técnico o científico, deportivo, burocrático, administrativo, jurídico, económico, publicitario. Cada uno de estos subcódigos se especializa principalmente en el campo léxico, es decir, utiliza palabras nuevas o ya usadas con un significado diferente al que tienen en la lengua común: la palabra *ziritione* es de uso exclusivo de un anuncio publicitario; términos como *banda* y *portero* cambian de significado si se usan en la lengua común o en el subcódigo del fútbol.

El concepto de código incluye también la concepción formal de los diferentes tipos de comunicación. En el ámbito laboral, usar el mismo código del interlocutor significa dialogar al mismo nivel, utilizar términos técnicos y expresiones especializadas conocidas por ambos o que se pueden explicar y respetar las convenciones formales para cada tipo de comunicación (comunicación escrita u oral, informe, etc.).

El *mensaje* es el objeto de la comunicación, lo que se envía al interlocutor para transmitirle información. La forma del mensaje varía en función de la persona que lo reciba.

El *canal* es el instrumento de transmisión del mensaje: ondas sonoras en el caso de la voz humana, papel o soporte magnético en la comunicación escrita y las imágenes, cables eléctricos para la comunicación telefónica y/o por vía módem y las bandas de frecuencia en la radio. El canal influye en la forma del mensaje: el mismo contenido cambia si se debe escribir o comunicar verbalmente.

El *referente* es el contenido informativo de un mensaje, la información que se debe transmitir. No tiene por qué coincidir con el mensaje ya que, de hecho, partiendo del mismo acontecimiento, situación o tema, se puede componer una infinidad de mensajes diferentes. La aprobación de una ley, por ejemplo, puede ocupar más columnas que la crónica política en los periódicos de difusión nacional mientras que las revistas jurídico-económicas le dedicarían todavía más páginas incluyendo el texto legislativo completo, información especializada, los comentarios de políticos y juristas...; los periódicos locales dedicarían, en cambio, sólo algunas líneas. Dependiendo del estilo, el público y la difusión del periódico, el hecho se presentará siguiendo respectivamente un corte sociopolítico, técnico o muy personalizado (si entre los promotores de la ley se encuentra un político local).

La situación comunicativa

El proceso comunicativo está influido por importantes factores externos: el *ambiente*, es decir, el momento y el lugar en el que sucede, el *papel* del emisor y el receptor, la *finalidad* y lo *supuesto*, es decir, los datos que se prevé que ya se poseen.

Con estos elementos, el acto comunicativo queda así:

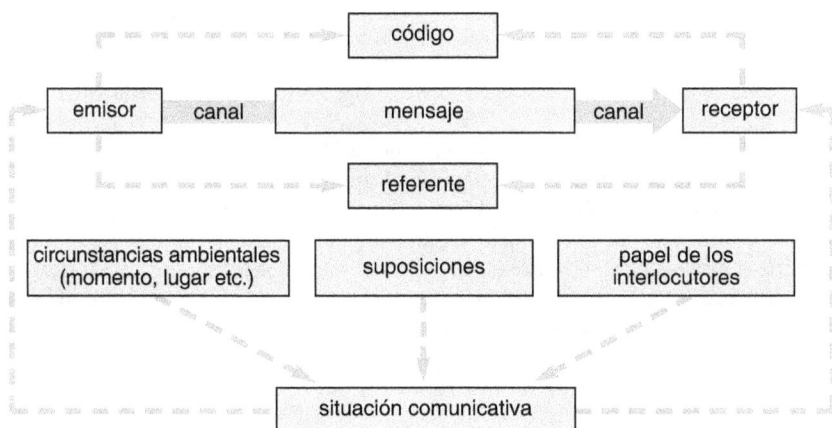

Obviamente, la situación comunicativa influye en las características de un mensaje escrito u oral: el mismo concepto se formula de forma diferente si aparece en un e-mail, un informe escrito, una llamada de teléfono o una reunión con el jefe.

La diversidad de registros lingüísticos

Según los elementos externos, la comunicación adquiere un particular *registro*, es decir, la forma más apropiada a la situación comunicativa en cada ocasión. Existe una infinidad de registros (familiar, coloquial, informal, medio, alto, formal, oficial, solemne...) a los que tendemos automáticamente a adaptarnos.

Cada registro conlleva elecciones no sólo en el campo léxico, sino también en el sintáctico, la entonación, el tipo de ejecución fónica o gráfica. Un ejercicio muy útil consiste en examinar los artículos que aparecen en los periódicos para descubrir los diferentes registros adoptados en una misma noticia. La llegada del euro, según el lenguaje financiero, ha traído consigo activar el *alineamiento de las monedas* y una *política monetaria de cohesión*; los telediarios han facilitado datos puntuales pero menos especializados; los ciudadanos se preguntan: ¿podremos acostumbrarnos?

La experiencia diaria con la burocracia del aparato público o las instrucciones para cumplimentar la declaración de la renta son prueba de cómo

16

un concepto expresado en lenguaje administrativo se reviste de un registro incomprensible, extraño. Y aun siendo así, el lenguaje administrativo es un hecho y saber leerlo ayuda también a reproducirlo cuando es necesario.

Sin embargo, procure no redactar un mensaje de respuesta condicionado por la situación comunicativa de partida. Por ejemplo: si responde a un anuncio de una oferta de trabajo, no debe cargar su currículum con expresiones como *exento del servicio militar* o *el abajo firmante*.

Evitar el «ruido»

Al pasar a través del canal, la transmisión del mensaje puede sufrir alteraciones debido a diferentes causas que se definen generalmente como *ruido*. Ruido es todo lo que altera el mensaje de manera imprevista: puede tratarse de un obstáculo material, como una contrariedad de naturaleza técnica y física (una impresión descuidada, un orador que pronuncia mal) o bien psicológica (la tensión, el aburrimiento y su consiguiente falta de atención que pueden interrumpir el circuito de la comunicación oral).

Es necesario, por tanto, que el emisor de un mensaje elija cuidadosamente el código y registro más conveniente a su comunicación y tenga en cuenta y elimine, en la medida de lo posible, todo aquello que pudiera hacer ruido.

Se logra una comunicación eficaz cuando esta pasa de un sujeto otro, cuando el mensaje que transmite el emisor se comprende y provoca la reacción del receptor (la información de vuelta).

La técnica
para conseguir
una comunicación eficaz

En el ámbito profesional, la comunicación eficaz cumple con requisitos precisos en lo que se refiere a contenido, exposición y forma, realizados según un método adecuado, un saber hacer común al lenguaje escrito y oral (aunque este último está menos sujeto a las limitaciones formales).

Diseñar un plan de trabajo es indispensable y previo a la elaboración del mensaje para que sirva de guía y facilite esta elaboración mediante:

— la definición precisa de los límites de extensión del argumento;
— la estructuración de los datos en una secuencia lógica, clara, bien definida y de fácil comprensión por parte del receptor;
— la elección de un registro adecuado y de un estilo eficaz para lograr coherencia y precisión.

Para seguir el esquema de la comunicación analizado en las primeras páginas es necesario, sin embargo, definir en primer lugar el ámbito de acción y agrupar todos los elementos en juego para decidir en consecuencia la técnica más oportuna. Así pues, hay que valorar atentamente:

— el argumento que se va a tratar;
— el tipo de receptor;
— el objetivo que se quiere alcanzar;
— el contexto (reunión, conversación telefónica, etc.) y el canal de la comunicación;
— el tiempo o el número máximo de páginas de que se dispone.

El argumento

Una buena exposición está basada en una cuidadosa documentación y en los conocimientos personales sobre la materia que permiten valorar y elaborar los datos recopilados. La información se extrae de la experiencia madurada en el tema, propia o ajena, y de posibles fuentes documentales. El texto se organiza más deprisa cuando la búsqueda previa ha sido exhaustiva, y las interrupciones para verificar un dato o introducir nuevos elementos son siempre contraproducentes.

La fase de recopilación de los materiales y conceptos que se van a presentar adopta a menudo la forma de una verdadera tormenta mental, un estallido de ideas e intuiciones, un reagrupamiento de conceptos, todavía sin estructura. Para no sucumbir en el intento, es necesario ordenar la masa de información seleccionándola y ordenándola conceptualmente según:

— la extensión y los límites que se han marcado al argumento debido al contexto comunicativo;
— cada uno de los puntos clave del tema que se va a tratar.

La técnica empleada por la prensa anglosajona juzga la validez de cualquier escrito de manera muy práctica dependiendo de que pueda responder por completo a la «regla de las cinco W», cuyo nombre procede de la primera letra (en inglés) de las cinco preguntas que se consideran esenciales:

— *Who?*	¿Quién?
— *What?*	¿Qué?
— *When?*	¿Cuándo?
— *Where?*	¿Dónde?
— *Why?*	¿Por qué?

Se trata de una serie de preguntas previas aplicables a cualquier contexto y particularmente eficaces en el ámbito profesional, donde son componentes fundamentales la síntesis y la profundidad en los temas. Naturalmente, se pueden desglosar y enriquecer, según las circunstancias, en una serie de preguntas más elaboradas:

— ¿Quién o qué es el sujeto que habla?
— ¿De qué se trata?
— ¿Dónde y cuándo sucederá lo que se está tratando?
— ¿Para quién? ¿Para qué?
— ¿Cuáles son los límites y los vínculos?
— ¿Cuáles son las consecuencias?

El orden de las preguntas no es casual, ya que conocer lo esencial de una acción o un hecho y el proceso o los motivos que lo han determinado facilita (y por tanto precede) la comprensión de *cómo* sucede o ha sucedido, con qué recursos (humanos, tecnológicos, económicos), y con qué resultados.

¿QUÉ HAS DICHO?... ¿ME HAS ENGAÑADO?... ¿CON QUIÉN?... ¿CUÁNDO?... ¿DÓNDE?... ¿POR QUÉ LO HAS HECHO?

El destinatario

Seleccionar con rapidez el destinatario o el interlocutor de un mensaje es fundamental. De hecho, no existen mensajes «neutros», es decir, válidos para muchos destinatarios y finalidades. La misma petición formulada a un notario, a un compañero de trabajo o a un amigo adoptará formas diferentes. El receptor puede ser una persona, una organización o un público más o menos amplio.

Tipo de comunicación	Destinatarios
Comunicación interna (de una empresa, estudio o administración)	— superiores jerárquicos — compañeros de trabajo — personal ejecutivo
Comunicación hacia el exterior	— responsables de trabajo — filiales públicas o privadas — asociaciones empresariales — público en general a través de los medios de comunicación (prensa, radio, televisión, Internet)

La comunicación profesional responde generalmente a las exigencias informativas de un proceso de decisiones. Seleccionar el tipo de interlocutor según el perfil profesional, el nivel jerárquico, las expectativas y la necesidad de información significa concebir bien el mensaje y orientarlo hacia la dirección más oportuna: qué idea presentar en primer lugar porque despierta mayor interés, sobre qué datos hacer hincapié...

Los objetivos

La comunicación responde a uno de los siguientes fines:

— *informar:* cuando se exponen diferentes aspectos de una cuestión, se pone al corriente a alguien sobre un hecho; es el caso de un comunicado, una nota, un acta, un informe, una presentación de un estudio;
— *convencer:* cuando debe surgir una propuesta de solución o una decisión motivada para decidir el análisis de un problema; es la finalidad de un proyecto profesional, de una propuesta de venta.

Dicha dicotomía no debe entenderse como algo radical. Es posible que un mensaje responda, sucesivamente o a la vez, a ambas finalidades; presentarlas como algo diferente es sólo una forma de explicarlas.

El contexto y el canal

Por lo general, el contexto se adapta a la comunicación de manera espontánea. En el ámbito profesional, poco dado a las florituras, esto significa una rápida valoración para sintonizar el código y el registro lingüístico, el uso de las convenciones formales y un tono de voz en consonancia con las circunstancias y los oyentes.

Una adaptación de la forma lleva consigo una análoga adaptación de los contenidos: es evidente que una opción pública de compra de una sociedad que cotiza en bolsa se presentará con un rigor y unos tecnicismos diferentes según se trate de una intervención en un consejo de administración, de la presentación en la prensa o de una valoración entre compañeros de trabajo. En cualquier caso, jamás se debe sacrificar la claridad por un afán de rigor y especialización.

En cuanto al canal de la comunicación, junto a las diferencias intuitivas entre comunicación escrita y oral, y a la ya mencionada necesidad de asegurar el mayor cuidado posible en la transmisión del mensaje, hay que sumar la idoneidad del canal elegido (teléfono, voz, papel, soporte magnético) dependiendo de la extensión y la confidencialidad del argumento tratado.

El tiempo y el espacio disponibles

El principio válido en todas las ocasiones es el de la brevedad exhaustiva. Hay que valorar qué es indispensable comunicar teniendo en cuenta también el tiempo y las páginas disponibles, respetando no sólo las propias exigencias sino también el tiempo y las necesidades de los demás.

Estructurar el material recopilado

Establecer el esquema del proyecto significa trazar el entramado lógico del material de que se dispone. Los puntos clave de la conversación deben ordenarse y distribuirse según una precisa disposición lógica y cronológica: de lo general a lo particular. Los datos se organizan jerárquicamente en diferentes niveles de importancia y profundidad según un hilo conductor que ayuda a preparar el texto y a comprenderlo posteriormente. No se trata de un procedimiento forzado: para exponer con claridad un argumento es necesario que queden muy claros todos los componentes, los nexos lógicos y los sucesivos niveles de desarrollo. Con la práctica este trabajo se realizará de manera cada vez más rápida e inmediata hasta convertirse en un método espontáneo para aproximarse y tratar cualquier tema.

Un esquema no se puede establecer *a priori* y adoptarse íntegramente, sino que debe adaptarse cada vez a las exigencias del emisor. En el mismo sentido, ningún tema se puede ajustar por completo a un esquema definido previamente. La estructura que se sugiere en estas páginas está pensada sólo para cumplir con las exigencias de la comunicación, su finalidad es asegurar que el tema que se va a tratar se haga de la forma más clara, comprensible e interesante. Por el contrario, las técnicas de persuasión requieren instrumentos mucho más sutiles que la retórica y se afrontarán en otro momento: esquemas, técnicas y artificios desarrollados a lo largo de los siglos para hacer que un discurso sea persuasivo, instrumentos ampliamente aplicados hoy día en el campo de la psicosociología de la comunicación, el marketing o las técnicas de negociación.

Esquema para informar

Para describir un hecho o un procedimiento, presentar una organización o informar acerca de los resultados de un grupo de investigación o un servicio se debe emplear un *esquema informativo*.

Para lograr capturar y mantener el interés del oyente es necesario intentar adivinar y responder exhaustivamente a sus preguntas[1], contextualizar las respuestas y presentarlas de forma clara, sencilla y atractiva.

Aconsejamos una exposición de forma lineal que respete la lógica interna del tema cuya naturaleza determina el *orden* que se debe seguir:

— *descriptivo* para citar, describir o presentar;
— *cronológico* para presentar hechos o ideas sucesivos o acontecidos en el curso de su evolución;
— *demostrativo* para presentar con rapidez la esencia del tema o la solución de un problema que se desarrollará posteriormente en el texto con sus oportunas explicaciones. El modelo contrario *problema-causas-soluciones* desanima por lo general al interlocutor.

---

1. Las preguntas presentadas anteriormente en el apartado «El argumento» dentro de este mismo capítulo estén relacionadas con este tema.

La técnica descriptiva y la cronológica son fáciles sólo en apariencia: su desarrollo lineal a menudo no está en consonancia con la síntesis y contribuye al aburrimiento porque tiende a presentar en el mismo plano todos los elementos de la exposición, tanto los principales como los secundarios, tanto la introducción como las conclusiones.

Una solución podría ser el esquema descriptivo o cronológico a la inversa, es decir, el que presenta al inicio la conclusión del tema que se va a tratar que es, en definitiva, lo que más interesa al interlocutor. La dificultad estriba en este caso en mantener viva la atención durante la exposición posterior. Los comunicados de prensa utilizan a menudo este esquema de «pirámide invertida»: empiezan por el enunciado principal y añaden progresivamente los detalles en orden decreciente de importancia.

Esquema para convencer

La variedad de situaciones y objetivos unida a la obligación de convencer es prácticamente infinita y, por lo tanto, no es posible dibujar una amplia variedad de esquemas y estrategias posibles. Por lo general, se trata de guiar al interlocutor hacia la decisión u opinión deseada sin despertar una impresión de partidismo o imposición.

Se deben presentar los argumentos en el orden más acorde a la finalidad, teniendo en cuenta los posibles puntos de interés del interlocutor.

El esquema más inmediato es el de *deducción* lógica: la conclusión de un análisis o la solución de un problema se desprenden de la propia exposición de los hechos. Es el caso, por ejemplo, de un asesoramiento profesional, en el que se realiza:

— una rápida introducción explicativa de la situación;
— la definición de las pautas de intervención necesarias;
— la elección de la modalidad de aplicación.

Otra posibilidad es adoptar el esquema basado en la *progresión* donde:

— se definen los términos de la cuestión que se va a afrontar para delimitar el problema;
— se destacan los elementos principales;
— se analizan las causas y las consecuencias;
— se citan las opiniones de otros y las posibles soluciones que se hayan adoptado sin éxito;
— se presentan las condiciones para lograr el éxito y se proponen las soluciones a corto y largo plazo.

SERÉ BREVE...

Más rápido es el llamado *método SPRI*, que toma su nombre de las cuatro fases que lo componen:

— S: situación (análisis);
— P: problema;
— R: resolución de la hipótesis operativa que se considera idónea para resolver el problema;
— I: información para exponer y explicar a los demás la realización de la solución.

Dos ejemplos

El mejor método para adquirir soltura con la técnica de los esquemas es esforzarse por reconocerlos dentro de ejemplos prácticos, valorando con espíritu crítico textos y conversaciones ajenos para extraer de ellos algunas conclusiones.
Analicemos dos ejemplos.

Desarrollo informático y planificación urbanística

Una acreditada corriente de la urbanística contemporánea sostiene que Internet y las nuevas tecnologías de la información acabarán pronto con las ciudades y las concentraciones urbanas.

William Mitchell, director del Departamento de Arquitectura del Massachusetts Institut for Technology (MIT), ha desarrollado el tema en un ensayo con un título alusivo, *City of Bits*, cuyo doble sentido en inglés se podría traducir al castellano por *ciudad de bits* (cifras binarias) o por *ciudad desmenuzada*. Los argumentos son muy simples. Con Internet «las concentraciones que centran la actividad se sustituirán por un número elevado de unidades diseminadas», convirtiendo de este modo en inútiles las concentraciones urbanas tradicionales.

Tomemos un ejemplo cualquiera: el monumental rascacielos del *Chicago Tribune*, construido en 1924. Este edificio reflejaba en su aspecto físico y su organización interna el sistema de producción de un gran periódico norteamericano de principios de siglo. Del rascacielos, que albergaba también las rotativas, partían los camiones cargados con los ejemplares del periódico. Los periodistas debían estar «en su puesto de trabajo» todos los días para cubrir la crónica día y noche.

Hoy día las cosas ya no son así. Muchos periodistas trabajan desde sus casas. Los centros monumentales de los periódicos han dejado paso a redacciones más pequeñas, a menudo distantes cientos de kilómetros y unidas unas a otras por cables y fibra óptica como la Infobahn, la autopista de la información. Se puede escribir un artículo en cualquier punto del globo y transmitirlo vía Internet a una redacción. Tras maquetarlo, se envía a uno de los centros de impresión del periódico y, por último, vuelve a Internet en el sitio del titular.

En Internet, centro y periferia son términos que no existen. En el espacio sin forma de la red sólo interesa la capacidad de recibir y transmitir información, bits, en definitiva. Se pueden imaginar en arquitectura nuevos modelos de instalaciones, con la posibilidad de recuperar estructuras urbanas del pasado.

Un experimento fascinante, mostrado en el *Architectural Rewiew*, se está desarrollando en los Apeninos ligures, en Italia. Colletta di Castelbianco, antiguo pueblo de origen medieval, estaba deshabitado desde hacía un siglo porque se había quedado apartado de las principales vías de transporte y comunicación. Próximamente, gracias a un inteligente trabajo de restauración que prevé el uso extensivo de las nuevas tecnologías informáticas, se volverá a habitar de forma casi permanente. Algo así como decir: de la aldea global a la aldea real.

El texto tiene un objetivo informativo y descriptivo. Los puntos fundamentales que rigen la exposición y desarrollan su contenido son:

— una tesis de la urbanística contemporánea: Internet y las nuevas tecnologías de la información podrían acabar con las grandes concentraciones urbanas;
— quién la sostiene: William Mitchell, director del Departamento de arquitectura del Massachusetts Institut for Technology (MIT);
— un ejemplo real del pasado: la evolución de los procesos de realización de un periódico desde un único centro de trabajo que centralizaba todo (el enorme rascacielos del *Chicago Tribune*) hasta la ubicación de las diversas fases del trabajo en diferentes centros;
— un ejemplo de lo que podría ser el futuro: el caso de Colletta di Castelbianco (Italia).

El autor se ha ceñido a un esquema formal descriptivo a la inversa con el fin de captar la curiosidad del lector. La presencia de un autor que representa a una institución de prestigio mundial introduce y aporta significado al experimento italiano relacionado con el tema.

Los bancos italianos aprueban el examen del euro

Es de todos conocido que los bancos italianos son poco rentables y que nada prevé una mejora de la situación. Una serie de datos estadísticos nacionales e internacionales parece confirmar, al menos en parte, dicha opinión aunque, sin embargo, queda en entredicho tras algunos hechos acaecidos recientemente. El último de ellos es la óptima reacción de la banca italiana a la instauración del euro: su introducción el 4 de enero la encontró muy preparada, a la misma altura que los bancos de los otros países de la Unión Monetaria. Se ha presentado algún inconveniente, pero de escasa importancia y que no ha llegado a producir problemas. Así pues, este resultado obliga a una primera revisión del juicio sobre la eficiencia del sistema bancario italiano.
Esta revisión se impone a la luz de otro factor: el aumento del valor de los bancos italianos, expresado por los precios negociados con motivo de los cada vez más numerosos cambios de propiedad de las acciones.
Los parámetros con los que se han valorado las perspectivas económicas y financieras de la banca italiana se hallan en franco crecimiento y han alcanzado niveles absolutamente impensables hasta hacía dos o tres años. El cambio de sentido de esta tendencia puede achacarse a dos factores fundamentales. El primero es el patrimonio de la banca italiana, resultado de las operaciones de reestructuración y

limpieza de los balances en los que se han centrado en los últimos años. El segundo factor está ligado, por el contrario, al aumento de acciones en los bancos italianos debido a la frenética actividad de búsqueda de adquisiciones bancarias por parte de grupos que intentan copar mayores cuotas de mercado. A este aumento en la demanda se contrapone, sin embargo, una reducción de la oferta que acentúa el desequilibrio, responsable del aumento de precio de las acciones bancarias italianas. Cualquiera podría pensar que se trata de una locura *a la italiana*, pero en el juego que estamos describiendo los jugadores no son sólo italianos. En todos los países se efectúan operaciones de dimensiones cada vez más relevantes demostrando así que la intervención bancaria y financiera italiana es más importante de lo que habitualmente creemos.

El objetivo del texto expuesto se declara ya en la introducción: intentar borrar el juicio negativo sobre la eficiencia del sistema bancario italiano. Siguiendo un esquema deductivo y lineal se contrasta esta opinión con la evidencia de dos circunstancias; el segundo punto, estructurado y complejo, se desarrolla con una explicación *en cascada*.

— Tesis que se intenta demostrar: no se puede compartir el juicio negativo sobre la eficiencia del sistema bancario italiano al menos por dos razones:

• Argumento a favor n.º 1: óptima reacción de las bancas italianas ante la introducción del euro; comparación con la realidad europea.
• Argumento a favor n.º 2: aumento del valor financiero de las bancas italianas. Queda demostrado por:

1. Aumento del valor de los bancos italianos:
   ¿Cuándo? Los últimos dos o tres años.
   ¿Cuáles son las causas? Aumento de la productividad, mejora de la calidad del patrimonio bancario.
2. Aumento en el mercado de las acciones de los bancos italianos que despiertan el interés de compradores nacionales y extranjeros:
   ¿Por qué motivos?
   a) crecimiento de la demanda por parte de grupos financieros que quieren adquirir mayores cuotas de mercado;
   b) consecuente reducción de la oferta.

La lengua de la comunicación profesional

La lengua funcional

Ninguna organización, pública o privada, puede tener éxito sin contar con un eficaz sistema de comunicación interno o externo. Al mismo tiempo, las habilidades técnicas son fundamentales en el trabajo de cada persona, pero de nada servirían sin la capacidad de transmitir a los demás los conocimientos propios.

El lingüista Giacomo Devoto ha definido como *funcional* la lengua utilizada en los ambientes de trabajo, en los textos educativos y de cultura práctica que se utilizan en las relaciones entre el Estado y los ciudadanos.

DISCULPEN SI NO SOY MUY CLARO PERO ES QUE... HE MEZCLADO LAS HOJAS DE MI INFORME

Un concepto similar al inglés de *basic writing* (escritura básica): texto claro, cuidado y fácil de consultar y comprender. Lo que se le pide al director de una empresa o a un profesional es que dirijan la información de forma directa, clara y concreta, y que sepan sostener argumentos sólidos para demostrar la validez de un proyecto, probándolo en el plano lógico y práctico.

La lengua funcional tiene una finalidad informativa y se apoya en datos racionales, no necesita despertar sentimientos ni hacer uso de componentes emotivos. Ahí radica su diferencia con la lengua literaria y otras formas de comunicación especializada como la prosa periodística o el lenguaje publicitario. En el concepto de *funcionalidad* se equilibran las necesidades de la comunicación laboral con las exigencias de un español correcto y fluido. Se cuida la expresión, se enriquece para transmitir con rapidez conocimientos que aumentan la sabiduría del destinatario. No se necesitan las finezas filológicas y lingüísticas de la literatura ni ciertos recursos del periodismo para aumentar el impacto de una noticia ni mucho menos los efectos especiales del lenguaje publicitario. La finalidad eminentemente práctica y el breve espacio de tiempo del que se dispone a menudo, no permiten aproximaciones, verborrea, distracciones del objetivo principal y formalismos excesivos e inútiles. Todo esto es aplicable tanto a lo escrito como a lo oral, con independencia de las exigencias y los recursos específicos de las dos formas, y constituye, por tanto, la base común sobre la que construir el saber hacer de ambas.

La sintaxis

La sintaxis regula los procedimientos de unión entre las palabras de una frase. En la lengua funcional las palabras de una frase y las frases de un párrafo se enlazan de forma sencilla y directa. La escritura funcional permite expresar con frases simples incluso las cuestiones más complejas.

Las proposiciones declarativas son la base principal de la expresión funcional: confirman un principio, presentan un hecho, informan sobre un acontecimiento. Las frases con construcción directa (sujeto-verbo-complemento directo) son las más eficaces para las proposiciones declarativas: «El grupo de accionistas ha anunciado que...».

En general, es determinante para una inmediata comprensión y una mayor fuerza respetar el orden lógico de la frase manteniendo unidos el sujeto (es decir, la cosa o la persona de quien se habla) y el predicado (lo que se dice de ella). En la frase «El préstamo de libros a domicilio está, por motivos organizativos, suspendido temporalmente» se sigue el orden lógico del sujeto —«el préstamo de libros a domicilio»— + predicado —«se suspende temporalmente»—, pero el inciso lo interrumpe.

Al mismo tiempo, es preferible no alejar los complementos indirectos y los atributos (adjetivos y participios) de los elementos a los que hacen referencia. Por tanto, la frase «Valdría la pena valorar la oportunidad de probar dos nuevas aplicaciones entre las ofertas presentadas por la empresa de *software* dedicadas a la gestión de inversiones en bolsa» puede mejorarse del siguiente modo: «Entre las ofertas presentadas por la empresa de *software*, valdría la pena valorar la oportunidad de probar dos nuevas aplicaciones dedicadas a la gestión de las inversiones en bolsa».

Para no ralentizar la exposición, además, la lengua funcional prefiere:

— la forma activa a la pasiva: «la empresa ha cursado la petición...» en lugar de «la petición ha sido cursada por la empresa»;
— la forma positiva a la negativa: «no es desconocido para todos que...» equivale a decir: «todos saben que.../se sabe que...».

EJERCICIOS

Compruebe la sintaxis de los siguientes párrafos y reorganícelos en frases breves y precisas para que el estilo resulte menos pesado que en el original.

1 | Se han admitido para su financiación 145 de los 238 proyectos presentados por las sociedades y cooperativas por un total de casi mil millones de euros, de los cuales, el 45 % está destinado a actividades de servicio a las personas, el 30 % a actividades de protección ambiental y el porcentaje restante a la tutela y salvaguarda del patrimonio cultural.

2 | No es posible negar que la eficiencia en el servicio ha aumentado, además de por el crecimiento de la organización, por las nuevas y más veloces instrucciones relativas al procedimiento que se debe adoptar en el trabajo en oficina.

3 | Las entidades promotoras mentirían si afirmaran que la entrega del premio no será una ocasión de gran lanzamiento de imagen.

4 | Empresa líder en el sector textil busca un/a responsable para el departamento de marketing que, dependiendo del director comercial, desarrolle todas las operaciones a nivel de organización, recogida y elaboración de la información necesaria para la red de ventas.

5 | El marinero avistó al hombre sobre la balsa usando un catalejo.

1 Ciento cuarenta y cinco de los doscientos treinta y ocho proyectos presentados por sociedades y cooperativas se han admitido para la financiación. La suma aprobada roza los mil millones de euros de los que el 45 % se destinará a actividades de servicio a las personas, el 30 % a actividades de protección ambiental y el porcentaje restante a la tutela y salvaguarda del patrimonio cultural.

2 (Es evidente que) la eficiencia del servicio ha aumentado tanto por la potenciación de la organización como por el efecto de las nuevas y más veloces instrucciones relativas a los procedimientos que hay que adoptar en el trabajo de oficina.
   O bien:
   (Es evidente que) la eficiencia del servicio ha aumentado gracias:
   — a la potenciación de la organización;
   — a las nuevas y más veloces instrucciones relativas a los procedimientos que se deben adoptar en el trabajo de oficina.

3 La entrega del premio será para las entidades promotoras una ocasión de gran lanzamiento de imagen.

4 Empresa líder en el sector textil busca un/a responsable del departamento de marketing que, dependiendo del director comercial, desarrolle todas las operaciones relativas a la organización, recogida y elaboración de la información necesaria para la red de venta. (Es frecuente el uso de la construcción a nivel de con el sentido de «en el ámbito de», pero la locución significa propiamente «a la altura de»).

5 El marinero avistó al hombre sobre la balsa con el catalejo.
   O bien:
   El marinero avistó con el catalejo al hombre sobre la balsa. (La construcción original, sintácticamente aceptable, puede resultar ambigua).

Incisos y paréntesis

Expresan conceptos de igual o menor importancia respecto al contenido central de la frase. Por tanto, es preferible colocarlos sobre todo:

— al inicio de la frase para completar o a modo de conclusión;
— fuera de la oración compleja original, separada y reorganizada en dos o más partes unidas o en ocasiones separadas por un punto y coma:

Veamos dos frases aligeradas gracias a la supresión de los incisos.

1. Antes:

> Nuestra empresa artesanal, si se compara con la competencia, no es del todo insignificante.

Después:

> Comparada con la competencia, nuestra empresa artesanal no es del todo insignificante.

O bien:

> Nuestra empresa artesanal no es del todo insignificante si se compara con la competencia.

2. Antes:

> Para dejar claro el sentido de la definición de incapacidad, si nos referimos a una limitación ligada a las características del individuo de las que no se puede disociar, se habla de incapacidad intrínseca mientras que si son limitaciones ligadas a la situación del individuo, debidas al ambiente, se trata de incapacidad extrínseca.

Después:

> Para dejar claro el sentido de la definición de incapacidad, se entiende por ella:
> — incapacidad intrínseca: limitación ligada a características del individuo de las que no se podría disociar;
> — incapacidad extrínseca: limitación ligada a la situación del individuo, debida al ambiente.

Reorganice los siguientes párrafos en frases breves y precisas evitando, en la medida de lo posible, la confusión con paréntesis e incisos.

1 | Con respecto a la cuestión de apoyo financiero a las entidades teatrales, superada desde hace tiempo la práctica de contribuciones prorrateadas, la situación actual permanece más bien delicada, consideradas las dificultades de un reparto de competencias entre el Estado y las comunidades autónomas.

2 | Basándose en el análisis de las cifras de venta en los últimos tres años y en la evolución de la realidad empresarial local, el programa en discusión, si bien se debe definir posteriormente a la luz de los resultados de esta reunión, propone definir las líneas futuras de intervención para obtener una penetración mayor en el mercado conjugando los intentos que deben mover también a las empresas asociadas.

3 | En vía extraordinaria, para la completa financiación de las intervenciones previstas por los planos regionales, allí donde estén en vigor, de lo contrario irrealizables, pueden ser asignadas a la integración de impuestos de capital a devolver impuestos a costo de capital a fondo perdido, según el Art. ... de la ley regional...

SOLUCIONES

1 | Superada hace tiempo la práctica de los pagos prorrateados, la cuestión del apoyo financiero a las entidades teatrales sigue siendo delicada si se consideran las dificultades de un reparto de competencias entre el Estado y las Comunidades Autónomas.

2 | El programa que se está discutiendo está basado en el análisis de las cifras de venta en los últimos tres años y en la evolución de la realidad empresarial local; las posibles correcciones posteriores se aportarán después de los resultados de esta reunión. El plan propuesto pretende definir las líneas de intervención futuras para obtener una mayor penetración en el mercado, conjugando los intentos que deben mover también a las empresas asociadas.

3 | La financiación total de las intervenciones previstas en los planes regionales en vigor, irrealizables de otro modo, puede llevarse a cabo por vía extraordinaria. Para integrar los impuestos de capital a devolver, pueden asignarse impuestos de capital a fondo perdido, de acuerdo con el Art. ... de la ley regional...

La extensión de las frases

Los textos de trabajo deben redactarse con un lenguaje claro y conciso. Que la expresión sea sintética no depende sólo de la brevedad del texto, sino de la rápida comprensión por parte del lector. Las oraciones breves son generalmente un elemento esencial para alcanzar ese objetivo, aunque querer expresar todo en una única frase es una presunción peligrosa.

El gusto por la fraseología compleja, cultivado durante mucho tiempo en España por cierta prosa académica tradicional y por la administración pública, resulta obsoleto y es una fuente de confusión. Por supuesto, las frases funcionales no pueden concebirse dentro de un único formato estándar de longitud. Sin embargo, existen ciertos criterios de valoración para calibrar la extensión de la frase.

Cualquiera puede constatar cómo la lectura silenciosa sigue a menudo el ritmo de la lectura en voz alta: de hecho oímos en la mente el sonido de las palabras. La lectura en voz alta se adecúa a la secuencia de la respiración. Así pues, se considera que una frase es de fácil lectura si se puede leer en voz alta entre dos inspiraciones.

Para dar instrucciones y, en general, para dirigirse a un público de cultura elemental se recomienda la mayor brevedad posible, con una media de diez palabras por cada frase. La longitud aumenta en veinte o treinta palabras en los textos de mayor contenido, dirigidos a un público general como al que se dirige la administración pública. Los documentos de contenido y cultura elevada pueden ampliarse hasta 35 o 40 palabras.

Utilizar frases breves no se traduce automáticamente en concisión y claridad. La exposición completa de un pensamiento no puede, por supuesto, sacrificarse por el recuento de palabras pero se debe, de todas formas, utilizar el número estrictamente necesario. Algunas palabras y expresiones usadas habitualmente son redundantes, vagas y pueden sustituirse, por tanto, por expresiones más sintéticas sin que sufra el significado.

Por ejemplo «alcanzar una decisión» equivale a «decidir», que es más inmediato.

Es molesto también el excesivo empleo de palabras muy largas, construidas con sufijos que no añaden nada al significado: «difícil» es preferible a «dificultoso», igual que «dificilísimo» es mejor que «extremadamente difícil».

La complejidad de los datos que se facilitan debe ser directamente proporcional a la sencillez de la exposición, como Albert Einstein supo demostrar en sus escritos.

En lugar de...	Utilice...
hacer uso de	utilizar, usar, recurrir a
mediante el uso de	con
a excepción de	excepto, salvo
a pesar del hecho de que	aunque
conducir a término	terminar, acabar
hacer fácil	facilitar
un notable número de	muchos
un reducido número de	pocos
alcanzar, tomar una decisión	decidir
efectuar un cálculo	calcular
llevar a cabo un experimento	experimentar
emprender una búsqueda	buscar
sentir un rechazo	rechazar
desprovisto de	sin
provisto de	con
tener conocimiento de	enterarse, saber
provocar un daño	dañar
formular una invitación	invitar
llegar a una conclusión	concluir

Decida qué se puede suprimir en estas frases para que resulten más sencillas.

1   En lo que a nosotros se refiere, con respecto a la atención con la que valorar su oferta, que reconocemos con la máxima consideración, no estamos todavía preparados para remitirle una respuesta, en caso de que la oferta resulte compatible o no con nuestra futura andadura administrativa.

2   Antes, por prevención, una investigación, tras nuestro explícito mandato, ya había constatado y había controlado la situación degradada del barrio, para verificar la molestia.

3   La persona que recurre tiene por ley todos los derechos derivados de las normas jurídicas y fiscales vigentes en materia de…

4   El viaje constituyó una ocasión para distraerse y divertirse, con la posibilidad de visitar lugares nuevos desde el punto de vista de los viajeros, que es diversa de la que tienen los que residen en los lugares que cada día se visitaban.

5   Escrito por uno de los mejores especialistas en la materia, William B., que vivió durante muchos años en Estados Unidos ocupando el puesto de jefe del Departamento de Física nuclear de la Universidad de …, el libro constituye un testimonio auténtico de los avances científicos y éticos en la materia, gracias a la riqueza de ejemplos y reflexiones personales que nos permiten, aun siendo profanos, entender y hacernos una idea sobre el tema.

6   El título accionario ha debutado por primera vez en el mercado encontrando el consenso de los operadores.

7   Espero que me concedan la posibilidad, finalmente, de realizar un breve apunte sobre los efectos derivados de la aplicación de los nuevos procedimientos aunque algunos de los puntos relativos a este tema no aparezcan en el orden del día.

1 | Hemos valorado atentamente su oferta, que le agradecemos, pero no podemos todavía comunicarle si estará dentro de las directrices de nuestra futura dirección empresarial.

2 | Con antelación, bajo nuestro mandato, un estudio ya había señalado la degradación del barrio.

3 | La persona que recurre goza de todos los derechos previstos por las normas fiscales vigentes en materia de…

4 | El viaje constituyó una ocasión perfecta para distraerse, divertirse y conocer lugares nuevos con el espíritu de los exploradores que los residentes en la zona ya han perdido.

5 | Entre los mejores especialistas de la materia en Estados Unidos, destaca William B., que ocupó durante varios años el cargo de jefe del Departamento de Física nuclear de la Universidad de… Por este motivo su libro constituye un testimonio auténtico sobre los avances científicos y éticos de la física moderna. La abundancia de ejemplos y reflexiones personales ayuda a los profanos a orientarse en el tema y a elaborar una opinión propia sobre un argumento tan delicado. *(Sin lugar a dudas, la frase original es demasiado larga; es necesario recortarla y darle coherencia. Además, la expresión «un testimonio auténtico de los avances científicos y éticos» es ambigua puesto que puede significar que «los avances científicos y éticos atestiguan que» o «un testimonio sobre los avances científicos y éticos»).*

6 | El título accionario ha debutado en el mercado con el consenso de los operadores. *(Se debuta una sola vez, la primera).*

7 | Espero que me concedan la posibilidad, finalmente, de realizar un apunte sobre los resultados prácticos de los nuevos procedimientos aunque no esté previsto en el orden del día. *(Un apunte sólo puede ser breve por lo que es inútil especificarlo).*

El léxico

La lengua funcional utiliza términos adecuados, elegidos según el tema y la situación comunicativa, y evita los que han caído en desuso.

La experiencia demuestra que el sentido de las palabras puede cambiar dependiendo del contexto en el que se colocan. *Batir* significa *agitar rítmicamente*, pero también *vencer* según el complemento que le siga (*batir un huevo, batir al enemigo*).

Si bien tales diferencias semánticas saltan a la vista, otras, por el contrario, son más sutiles y requieren en ocasiones un análisis atento y una inmersión en las propias costumbres léxicas para mejorar expresiones que se usan de manera incorrecta.

El empleo de la palabra justa, además, plantea a menudo problemas: un ejemplo suele ser recurrir a las comillas, clara señal de que al escritor se le escapa el término más apropiado para ese concepto.

Errores que se deben evitar

En el discurso funcional, la riqueza terminológica (poder disponer de varias formas diferentes para un mismo concepto) es deseable pero no estrictamente necesaria: en un contexto técnico es mejor repetir un término especializado que utilizar sinónimos que puedan despertar dudas. Son totalmente inaceptables circunloquios y definiciones aproximadas o ambiguas.

Es mejor evitar en una misma frase la repetición de sustantivos terminados en «ción» intercalados con adjetivos o verbos. La frase «Se debe alcanzar en breve plazo la finalización del procedimiento de informatización del archivo para conseguir la rápida ejecución de las investigaciones» se puede aligerar así: «Se debe alcanzar en breve plazo la informatización del archivo para adelantar las investigaciones». Aquí, como en la mayoría de los casos, los términos nominalizados se han eliminado, recayendo el peso sobre el verbo o el adjetivo original.

Los lenguajes codificados especializados (administrativo, técnico, económico, científico, jurídico) se deben utilizar cuando es necesario y en un contexto adecuado para ofrecer la mejor definición posible de la frase. Es contraproducente contar con la atención del lector: cuando gran parte de los términos empleados resulta oscura, un mensaje, aunque esté brillantemente elaborado, suele no recibirse o se olvida con facilidad. Puede ser oportuno explicar, la primera vez que aparezcan en el texto, las definiciones o siglas que no sean de uso corriente en el contexto, o bien detallarlas entre paréntesis o en una nota.

Las intromisiones entre esferas de lenguaje diferentes no siempre son válidas. Si bien un publicista puede permitirse el uso creativo de la lengua, en el mundo de la empresa no se consienten las concesiones al léxico familiar mientras que recurrir al lenguaje burocrático puede resultar excesivamente pesado.

Para sensibilizarse sobre los errores en el estilo, es útil repasar con espíritu crítico los escritos, propios o ajenos, teniendo en cuenta la naturaleza del texto o de la intervención oral, la circunstancia de la comunicación, la relación entre emisor y receptor. Las costumbres lingüísticas adquiridas pueden nublar la capacidad de juicio; por ello, debe disponerse siempre de un buen diccionario de la lengua española entre los instrumentos de trabajo de cualquier oficina.

1 ¿Son sinónimos equivalentes?

		Sí	No
a) comunicar	informar	☐	☐
b) transigir	conceder	☐	☐
c) infligir	conminar	☐	☐
d) prescribir	pedir	☐	☐

2 Indique si hay alguna y, si es así, cuál de las siguientes expresiones no tiene que ver con el concepto indicado sobre cada grupo.

Responsabilidad
☐ dar cuentas
☐ asumir las consecuencias
☐ ser consciente
☐ responder
☐ culpabilidad

Administración
☐ gestión
☐ funcionamiento
☐ dirección
☐ preocuparse por
☐ recuento

3 Los siguientes grupos de palabras pertenecen a registros especiales ajenos al mundo empresarial. Aunque no aparecen dentro de un contexto preciso son «traducibles» a términos o expresiones adecuados al lenguaje funcional.

Familiar, coloquial
a) poner sobre la mesa
b) poquito a poco
c) dar palos de ciego
d) abrirse camino
e) no entender ni jota
f) quemar las naves
g) tener mucho cariño

Burocrático
h) validación
i) paralizar
j) indemnización
k) retroactivo
l) billetaje
m) acuse de recibo
n) relacionar

Metáforas, frases hechas, expresiones figuradas
ñ) echar a volar
o) sacar una buena tajada
p) matar dos pájaros de un tiro
q) romper una lanza en favor de…
r) ser un as
s) dar en el clavo
t) ser un hueso
u) devanarse los sesos

1 a) No; los dos términos tienen el mismo significado pero no son equivalentes. En la comunicación formal, entre niveles jerárquicos diferentes se «informa» a un igual o un superior pero se «comunica» a un subordinado.

b) Sí.

c) No; *conminar* significa *amenazar con un castigo a quien está obligado a cumplir algo; infligir* tiene el significado de *causar daños o imponer castigos*. La ley conmina la pena, el juez la inflige.

d) Sí.

2 **Responsabilidad:** ser consciente. **Administración:** funcionamiento, recuento.

3 a) exponer, declarar;
   b) gradualmente;
   c) indecisión;
   d) en el curso de…, durante;
   e) no entender nada;
   f) tomar una resolución extrema;
   g) interesarse;
   h) anulación;
   i) interrumpir, abandonar;
   j) multa;
   k) en vigor anteriormente;
   l) venta de billetes;
   m) declarar haber recibido algo;
   n) informar;
   ñ) adquirir mayor libertad, independencia, valor;
   o) aprovechar la ocasión;
   p) lograr dos objetivos;
   q) defender a…;
   r) estar muy capacitado;
   s) acertar algo;
   t) adversario difícil;
   u) buscar el modo de resolver una situación complicada, intentar encontrar la solución de un problema complejo.

LOS TEXTOS ESCRITOS

De la concepción del texto
al trabajo de edición

El documento escrito no es el instrumento principal de la comunicación aunque la convierte en oficial. El teléfono, las herramientas audiovisuales y multimedia son instrumentos auxiliares, fundamentales para una transmisión rápida de información, pero no pueden sustituir a la palabra escrita.

El desarrollo y cambio de los ritmos, niveles de vida y necesidades de trabajo han determinado una evolución casi darwiniana de los textos técnicos. No han sobrevivido los largos informes, los estudios que obligaban a una lectura exhaustiva desde la primera a la última página y los textos con una estructura «cubierta», es decir, jalonada de tecnicismos, reservada para los pocos que poseían los conocimientos para leerlos. Hoy día, los documentos profesionales deben ser claros, exhaustivos pero sintéticos y de fácil consulta. Hay dos requisitos indispensables:

— la *legibilidad*: se escriben para ser entendidos y para responder a las exigencias de los lectores; cualquier contenido, incluso el más innovador e interesante, no se puede asimilar si no se logra mediante su redacción un lenguaje claro;

— la *concisión*: se conciben en función del momento de trabajo actual. Los ritmos son rápidos y, los datos disponibles aumentan vertiginosamente; como resultado, el tiempo disponible para seleccionarlos y asimilarlos se reduce proporcionalmente.

MI INFORME ES UN POCO LARGO...
NO SÉ SI CONSEGUIRÉ LEERLO ENTERO...

La concepción general del texto

Un documento es válido cuando está estructurado conceptual y formalmente de manera clara; el orden lineal del razonamiento debe reflejarse en la pulcritud de la forma. A menudo resulta de gran utilidad:

— permitir diferentes ritmos de lectura (la persona que lo lea puede empezar con una rápida lectura de valoración para continuar leyendo los detalles del tema);
— facilitar varios puntos de acceso a la lectura (para hacer que el texto sea provechoso a diversos niveles de interés).

Generalmente, las fases para realizar un texto son las siguientes:

— análisis preliminar: valoración de las características que el texto tendrá que presentar según su objetivo, contenido, lectores, contexto;
— investigación: recogida y selección del material informativo necesario; definición esquemática del contenido y de la estructura del texto (esquema);
— redacción: realización de una primera versión (borrador);
— revisión: control y puesta a punto del texto teniendo en cuenta los contenidos y la forma hasta encontrar la forma definitiva;
— composición e impresión: definición de la apariencia gráfica del texto final e impresión de las copias acabadas.

En la práctica, no siempre se procede así a la hora de realizar un texto: el análisis preliminar y la redacción del documento pueden desarrollarse a la vez; si la redacción de un texto se realiza con un programa de tratamiento de textos, la composición no será distinta formalmente de las fases que la preceden. Cada fase, con las características y los problemas que le son propios, debe considerarse por separado.

El análisis preliminar

El análisis preliminar es la base de un texto bien proyectado. El autor debe, antes de nada, definir el tema, a quién va destinado y el objetivo de su documento. Estos tres factores son determinantes en las fases de realización y merecen la máxima atención.

Para definir la estructura, la extensión y el nivel de inmersión en el *tema* hay que tener bien claros los propios objetivos (informar o convencer) y las necesidades de la categoría concreta de lectores a quienes se dirige el texto[2]. Cuanto más reducido y definido sea el grupo de destinatarios, mayor será la posibilidad de calibrar la redacción general del texto, el grado de especialización y el léxico. En el caso de trabajos de gran envergadura, una mención a esta reflexión inicial podría constituir una referencia útil en las fases sucesivas para verificar la correspondencia de lo escrito con la comprensión inicial.

Otro aspecto de la fase preliminar es la *documentación* sobre el tema. Evidentemente, el autor ya cuenta con conocimientos sobre la materia pero, en muchos casos, debe consultar diversas fuentes para documentarse o para suministrar al lector referencias precisas. La calidad del trabajo final será proporcional a la documentación que se haya utilizado directa o indirectamente. Puede resultar útil realizar una lista con todo el material de que se dispone (textos, posibles charlas anteriores, coloquios, tablas de datos, experimentos, normativas, etc.).

El esquema

El contenido definido según la valoración del examen preliminar (tema, destinatarios, objetivo) debe organizarse en un esquema de preparación. Si se está acostumbrado a escribir libremente, quizás esto pueda parecer, en un principio, un trabajo extra. En realidad es básico para acostumbrarse a escribir con una progresión lógica y con precisión, ya que obliga a organizar los conceptos, encontrar los diferentes puntos que se deben tratar y el espacio que se debe asignar a cada uno de ellos, además de definir visualmente (y por tanto con mayor eficacia) la estrategia de argumentación.

El gráfico de la página siguiente muestra cómo el argumento principal se ha dividido lógicamente en una serie de argumentos secundarios, cada uno tratado con diferentes grados de profundización. De este modo, la secuencia de los argumentos se define dependiendo de las relaciones anteriores y las consecuencias que se derivan. Se trata del método antiguo pero siempre eficaz, de la «escalera», que remite a la escuela, el equivalente español del *outline* que sugieren los manuales en inglés de comunicación técnica profesional. No existe un modelo de esquema que sea eficaz *a priori*; cada persona debe encontrar el diseño que le sea más conveniente para razonar sobre los contenidos del texto sin dedicarse to-

2. Véase en el capítulo «La técnica para conseguir una comunicación eficaz» los apartados «Los objetivos» y «Estructurar el material recopilado».

davía a escribirlo. Una escalera esquemática, con definiciones y posibles notas informativas para cada concepto y la representación gráfica de los nexos entre varios conceptos, es siempre clara y de fácil actualización. Es de gran utilidad especificar al lado de cada argumento los materiales de apoyo que se pretenden utilizar.

Esquema: **Valoración por segmentos de mercado**

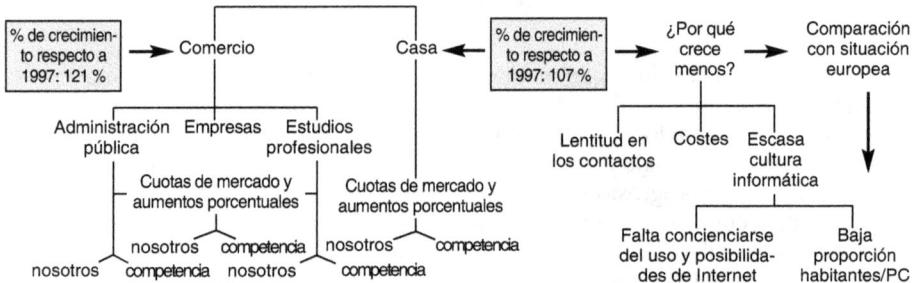

Esquema que recoge y ordena conceptos y datos sobre el siguiente tema: posicionamiento en el mercado de un servidor de Internet en 1998

Los elementos del esquema

Se puede empezar apuntando rápidamente los «títulos», es decir, todos los argumentos que se van a tratar o bien definiendo un concepto central y construyendo a su alrededor una red de ideas. También hay quien se plantea una serie de preguntas imaginarias, las que el futuro lector desea encontrar solucionadas en el texto, e indica la clave para su respuesta.

El orden de presentación

Se debe reflexionar sobre el orden en que se van a presentar los diferentes puntos del borrador que se ha realizado, dejando claros los nexos lógicos y de consecuencia. Cada uno de los argumentos debe disponerse en el orden que se considere oportuno, en ocasiones numerados.

La autoevaluación

Una vez realizado el esquema, es oportuno volver a examinar con ojo crítico todos los «escalones», señalando las correcciones o los complementos necesarios; lo ideal sería no detenerse mucho tiempo en cada uno y volver a ellos poco después. Los puntos clave para el control son:

— el argumento: ¿se ha tratado el tema de manera exhaustiva? ¿Existen divagaciones sobre el tema central?
— la secuencia: los hechos, los documentos y las argumentaciones, ¿están encadenados en una progresión lógica hacia la conclusión deseada?

El uso de programas de tratamiento de textos facilita mucho la aplicación de esta técnica: la velocidad que permiten favorece el impulso, evitando perder el hilo; permiten asimismo correcciones inmediatas, se obtienen automáticamente listas con puntos y números y la inclusión de los diferentes elementos es fácil; además evitan tener que volver a escribir todo y la confusión de flechas y borrones.

EJERCICIOS

Comprobar el esquema lógico y de contenidos de un texto es fácil, sobre todo, si se sitúa en el papel del lector. Reconstruya la secuencia de elementos que aparece a continuación, colocados en desorden, y que corresponden a párrafos de texto de los que se han extraído las ideas principales.

1 | Oferta promocional de una empresa nueva de *software* a los clientes potenciales del sector médico-sanitario:

— elaboración de *software* específico para el cliente;
— ventajas de la informatización del trabajo;
— fichero de las historias clínicas;
— características generales y técnicas de los productos;

— conexión en red con las principales bases de datos y las bibliotecas médicas más prestigiosas;
— ofertas y condiciones especiales de financiación;
— garantía y asistencia técnica de los productos;
— tipos de *software* disponibles;
— presentación de la empresa;
— persona a quien dirigirse para posterior información;
— contabilidad;
— cursos de formación en el lugar de trabajo del cliente.

2 Petición de datos a una entidad pública por parte de una empresa que debe presentar una petición de financiación a bajo interés:

— cuál es la documentación requerida;
— valor y naturaleza del proyecto que se va a financiar;
— ley a la que se refiere;
— posibilidad de sumar financiaciones de diferentes entidades;
— cantidad con la que contribuye el solicitante al proyecto;
— proyectos anteriores ya financiados;
— fechas límite para la presentación de los documentos necesarios;
— el proyecto se localizará en una zona deprimida;
— garantías que se ofrecen.

3 El esquema siguiente tiene que ver con las redes culturales. Una vez leído, valórelo según los aspectos que se le indicarán.

— **Presentación del problema.** Sector cultural: ¿cómo se puede mejorar nuestra oferta y reducir a la vez los costes (o no incrementarlos)? Recursos financieros disponibles: escasos. Posibles soluciones: coordinar más organismos en una «red cultural» para alcanzar una mayor provisión económica y mejorar la gestión global de la actividad. Estrategia alternativa: reducir los costes manteniendo cerrados galerías y teatros o no facilitando servicios accesorios. ¿Es aceptable? No, porque la actividad cultural es un servicio público inanciado por el Estado o, lo que es lo mismo, por los ciudadanos. Tabla con las financiaciones públicas en el sector en los últimos cinco años, separación entre gastos y recursos disponibles para realizar inversiones.
— **Análisis de la solución planteada.** Construir una red sujetos.
a) Ventajas: reducción de costes gracias al reparto de gastos. Consecuencias positivas derivadas: aumento de los servicios ofrecidos sin un aumento proporcional de los gastos; posibilidad de emprender

---

proyectos de calidad, imposibles de realizar con un solo inversor; mayor financiación; intercambio de información. Cuadro con ejemplos relativos a los gastos de una producción teatral, la adquisición de *hardware* para informatizar los catálogos de bibliotecas y museos. *b)* Inconvenientes: pérdida de autonomía en las decisiones y gastos de gestión de las relaciones.

— **Modelos de referencia.** Varían según el sector de actividad y las exigencias específicas. Presentar análisis de los estudios económicos sectoriales y ejemplos concretos. Citar bibliografía.

— **Experiencias con éxito.** En el extranjero: la red de museos franceses; la red de museos norteamericanos. En España: sistema de bibliotecas del territorio nacional; Asociación de museos del Cabildo de Lanzarote; Consorcio de Castillos históricos de Castilla. Cuadro informativo de cada red. Tabla de los beneficios económicos obtenidos por diferentes organismos gracias a la gestión en red.

— **Conclusión.** Balance beneficios/costes: positivo. Debido a que la situación española favorece especialmente la solución de redes culturales: amplia oferta cultural y número elevado de bienes (museos, castillos, parques arqueológicos), a los que se añade la configuración geográfica. Ejemplos presentados para la ocasión:
a) Actividad que se ha de desarrollar en un circuito común: comunicación externa; recogida de fondos y búsqueda de patrocinadores; muestras y representaciones; compra de tecnología; servicios didácticos y para el turismo cultural; contabilidad, administración y gestión personal;
b) Autonomía de cada uno de los componentes para elegir las actividades artísticas en estrecho contacto con el público.

Valore los siguientes aspectos:
a) Se trata de un esquema:
— confuso, con secuencias lógicas discutibles;
— dirigido a lo principal, bastante consecuente;
— demasiado técnico, comprensible sólo por los relacionados con ese trabajo;
— parcial y tendencioso.
b) El documento que corresponda a este esquema será utilizable (o no utilizable) para:
— un resumen con un objetivo informativo;
— un resumen para uso ejecutivo;
— un artículo o una noticia en la televisión.
c) ¿Qué falta en este esquema?
— datos estadísticos, referencias a la normativa;
— análisis de otros posibles experimentos fallidos de redes culturales;
— la opinión de personas involucradas en el tema.

A continuación proponemos una presentación posible: por supuesto las relaciones previas entre las partes o elementos que se introduzcan posteriormente en el contexto pueden variar el orden propuesto.

1
— presentación de la empresa;
— ventajas de la informatización del trabajo;
— características generales y técnicas del producto;
— tipos de *software* disponibles;
— fichero de las historias clínicas;
— contabilidad;
— conexión en red con las principales bases de datos y las bibliotecas médicas más prestigiosas;
— elaboración de *software* específico adecuado a las exigencias del cliente;
— cursos de formación en el lugar de trabajo del cliente;
— garantía y asistencia técnica de los productos;
— ofertas y condiciones especiales de financiación;
— persona a quien dirigirse para posterior información.

2
— Valor y naturaleza del proyecto que se va a financiar;
— el proyecto se realizará en una zona deprimida;
— cantidad con la que contribuye al proyecto el solicitante;
— garantías ofrecidas;
— proyectos anteriores ya financiados;
— posibilidad de acumular financiaciones de diferentes entidades;
— cuál es la documentación requerida:
— fechas límite para la presentación de la documentación necesaria.

3
a) Se trata de un esquema:
— bien concebido, concreto (amplio espacio para la referencia española y del extranjero) y desarrollado según un esquema lógico coherente;
— centrado en el tema principal, permite que el lector extraiga una idea fundada del argumento;
— la exposición, en cuanto a la técnica, permite una fácil comprensión a los lectores con una preparación media sobre el tema;
— la exposición no es tendenciosa aunque el autor está a favor de las redes culturales. Los inconvenientes de la implantación de redes están claramente indicados y confrontados con las ventajas;
b) El documento que surja de este esquema podrá utilizarse para:
— un resumen cuyo objetivo sea informar;
— un resumen básico de posibles proyectos para realizar una red cultural; faltan el objetivo y los contenidos relativos a la ejecución;
— base para un artículo o una noticia en la televisión.
c) ¿Qué falta en el esquema?
Sería de gran utilidad para el tema conocer:
— los posibles experimentos fallidos de redes culturales;
— la opinión de terceros.

El borrador del texto

Hablar de borrador significa revisar una o más veces el texto; es la práctica que echa por tierra la imagen del escritor dotado que compone de un tirón textos brillantes en estilo y contenido.

Si se tiene a mano un esquema se puede proceder a la redacción del texto completo. Demasiado a menudo el ambiente de trabajo no favorece la concentración y el aislamiento: el esquema sirve para no omitir ningún punto esencial y para retomar fácilmente el razonamiento a salvo de interrupciones y molestias. Sin embargo, el orden del esquema inicial no tiene por qué ser vinculante con el de la redacción. Para evitar bloqueos o dudas se puede partir de un argumento bien conocido y retrasar los argumentos problemáticos a una fase posterior, cuando la reflexión y el trazado cumplidos hasta ese momento los hayan convertido en más accesibles. Sin embargo, preste atención: las conexiones lógicas entre los argumentos condicionan su exposición. Si un argumento viene tratado antes del que lo precede por lógica, existe la posibilidad de que tenga que volver a tratarlo para garantizar la homogeneidad y coherencia de todo el orden de la exposición con la consiguiente pérdida de tiempo que supone.

Mientras esté redactando el texto podrán aparecer nuevos argumentos que no estaban incluidos en el esquema inicial. Se deben introducir en los puntos más convenientes del texto sin comprometer el orden lógico predispuesto. Incluirlos al final sería contraproducente, si bien mucho más cómodo. También puede comprobarse la oportunidad de presentar un argumento en un punto de la secuencia, diferente del que se había previsto inicialmente.

Las personas que escriben a mano o a máquina tienden (o tendían) a redactar el borrador rápidamente, sin preocuparse demasiado por la forma, que se puede pulir en un segundo momento. El principio es válido también para la escritura en ordenador, aunque las correcciones son tan inmediatas que permiten su realización durante la composición sin perder el hilo.

El lenguaje

En la prosa profesional los principios de la lengua funcional se aplican constantemente: rigor lógico, expresiones claras, concisas y adecuadas al contexto, palabras fáciles pero sin sacrificar la precisión. En cuanto al uso de términos técnicos, el autor debe decidir su incidencia en el texto y el nivel de especialización según la finalidad y los destinatarios.

El uso de términos técnicos debe ser riguroso, por lo que se desaconseja recurrir a sinónimos.

Son numerosos (¡y necesarios!) los préstamos de lenguas extranjeras, porque son insustituibles. Así, por ejemplo, se han aceptado plenamente términos como bíter, brandy, *lifting*, *stop*, *jogging*, best-séller, *software*, transistor. Además de estos, un texto en español puede utilizar palabras extranjeras sólo cuando no exista un equivalente válido en nuestra lengua (sobre todo en los campos científico y técnico). Los extranjerismos, para formar el plural, añaden el sufijo -*es* cuando acaban en consonante («revólver», «revólveres»), otros -*s* y otros permanecen invariables. Al hilo de lo dicho, el sustantivo de origen latino *currículum* o *currículo*, muy utilizado actualmente, toma la forma en plural *currículos* (también se admite la forma invariable *los currículum*).

Para obtener una versión final coherente del texto y evitar pérdidas de tiempo, vale la pena afrontar con antelación los posibles problemas de redacción. Dificultad de redacción o de presentación, problemas de terminología, abreviaturas, deben resolverse enseguida y definitivamente para adecuarse a la solución adoptada en todos los casos similares dentro del texto.

La introducción

La introducción de un documento técnico o profesional anuncia con rapidez el argumento que se va a tratar para informar al lector y orientarlo en la lectura. Una introducción eficaz debe ser breve. Una sola frase o un párrafo pequeño deben ser capaces de responder estas preguntas:

— ¿de qué se está hablando?
— ¿por qué se habla de eso?
— ¿cómo se habla de eso?

Por ejemplo:

> Con un enorme retraso respecto al mundo anglosajón, las organizaciones artísticas y culturales en España no han atraído la atención de los economistas hasta hace poco. Teniendo en cuenta lo complejo y vasto del tema, el análisis que ahora se lleva a cabo se centra en la búsqueda y definición de las características comunes de las instituciones artísticas y culturales y examina las principales tendencias del sector para finalizar con la predicción de los futuros retos, de modo que se valore la vertiente económica de nuestro patrimonio artístico y cultural.

O bien:

> Esta nota está dedicada a la lógica y a los instrumentos de gestión de los recursos económicos para las organizaciones privadas que se ocupan de los servicios sociales de asistencia. Se presentan algunas reflexiones sobre el balance y sobre la estructura contable. Para ello, se analizan los posibles modelos jurídicos, ventajosos o no, según las normativas más recientes y las tendencias del sector.

Un memorándum o una propuesta presentan enseguida el motivo por el que se han escrito y, en ocasiones, las ventajas que se derivan de ellos respecto a la situación inicial:

> Tal y como se me ha requerido, comunico mi disponibilidad para ofrecer un servicio de asesoría sobre el IVA y los impuestos directos desde el 1 de enero de 2000 hasta el 31 de diciembre de 2000, comprendiendo la presentación de la declaración anual del IVA y la declaración de la renta.

¿Cuál es la primera impresión que causa la lectura del Boletín Oficial del Estado? Una imparcialidad gris y una meticulosidad burocrática con la que todos nos enfrentamos en alguna ocasión.

Cualquier documento puede resultar aburridísimo después de unas pocas líneas a pesar de que el contenido sea muy bueno. Por eso, es mejor atraer rápidamente la atención del lector. Aléjese de las fórmulas de introducción archiconocidas («desde siempre...» o «como ya sostiene el precursor de nuestra actividad...») o enfáticas («la problemática que afrontamos...»), para evitar dar la impresión de estar impartiendo una clase. El comienzo debe presentar ya la información esencial, al igual que un comunicado de prensa (los profesionales del papel impreso saben bien que el lector tiene siempre un arma a su disposición: dejar de leer).

Evite también las introducciones genéricas («La cuestión de comprender como... tiene una importancia que no hay que dejar de lado»), los preámbulos ceremoniosos y superfluos («Desde los albores de nuestra actividad, un elemento fundamental de la lógica productiva era...»): es completamente inútil iniciar elogiando las maravillas de la tecnología informática para proponer la compra de un nuevo ordenador.

No es necesario despistar al lector tratando el argumento principal al final. Por ejemplo: «Para afrontar completamente el tema central de la reunión es necesario elaborar un breve marco cronológico de la evolución de las relaciones entre…»; la información esencial que se debe transmitir es solamente: «Las relaciones entre… comenzaron…». El lector será quien entienda y aprecie la síntesis de la exposición.

Para terminar, una buena introducción se traduce en ideas muy claras sobre el tema que se va a tratar y sobre el esquema lógico que hay que seguir, por lo que no es extraño que se redacte, generalmente, después del texto.

La conclusión

No siempre es necesario un párrafo de cierre. Si bien puede eludirse en la correspondencia y en los escritos breves, no es menos cierto que puede resultar conveniente en los memorándum, en las composiciones de gran envergadura, en los comunicados a la prensa y, en general, allí donde se desee llevar al lector hacia una conclusión determinada. La parte final de un texto puede predecir una evolución del problema como acompañamiento de todo lo dicho anteriormente; una línea de estudio posterior que se debe seguir; las expectativas a medio y largo plazo del proceso que se ha tratado; una consideración personal (si se solicita).

Por ejemplo, una relación sobre un estudio puede concluirse con una valoración de síntesis:

> Basándonos en los resultados de los estudios efectuados y de los criterios prioritarios establecidos, la Stephens Limited está cualificada para suministrar el sistema de filtrado de aguas residuales que se debe instalar en nuestro establecimiento…

Una nota o una propuesta se concluyen con una referencia a las decisiones o disposiciones de ejecución futuras.

Los resúmenes y el impulso final se pueden encontrar al término de un estudio o una relación:

> Es fundamental que el estudio de marketing sobre los hábitos de los consumidores alcance una definición teórica mayor. Tal esfuerzo será esencial en dos frentes: sobre el plano cognoscitivo, para elaborar nuevas hipótesis explicativas y convalidar los esquemas de interpretación sugeridos por la economía y la ciencia del comportamiento; sobre el plano de aplicación para sentar las bases de las políticas competitivas de las empresas.

O bien, retomando los hilos lógicos seguidos en la exposición:

> Para concluir, de las casuísticas presentadas se desprenden los temas que emergen en la teoría y la práctica del marketing de los años noventa. La continua evolución de los ambientes competitivos en los que operan las empresas determina un cambio en las políticas de marketing para obtener un mayor control sobre los mercados de bienes y servicios que estos ofrecen. Está creciendo una nueva política de marketing y, probablemente, la clave del éxito frente a la competencia residirá en su aplicación.

La revisión

La revisión es la fase de valoración y perfeccionamiento del texto, hasta alcanzar la versión definitiva. Por desgracia, a menudo no se reserva el tiempo y la atención necesarios para su realización. La revisión verifica y subsana posibles carencias halladas en diferentes planos:

— la idea central del tema, la organización y el equilibrio global del texto;
— el estilo de exposición y la propiedad en el lenguaje;
— la corrección en la forma.

La revisión global del texto al terminar su redacción, a todos los niveles, es indispensable para que la información aparezca clara y bien ponderada. También puede resultar útil efectuar mientras se está redactando revisiones previas de trozos de texto, pero sin dejarse llevar demasiado por esta función, pues podría hacer que se sintiese incapaz de escribir de manera fluida debido a la obsesión por la corrección. La revisión debe ser un proceso final, antes se debe producir el documento.

Los actuales programas de tratamiento de textos alivian en gran medida esta fase: basta con activar un comando para moverse, copiar, borrar o añadir partes al texto. El programa es el que activa los correctores ortográficos y la corrección automática de los errores. También la terminología se controla con gran rapidez: el programa verifica sistemáticamente el texto, busca y sustituye un término erróneo en todos los puntos en que aparezca (en los textos muy largos resulta una ayuda muy útil y más segura que el control visual). La revisión informática permite además a numerosas personas ver en una pantalla cualquier documento sin ningún obstáculo físico si el ordenador está en red con las demás terminales del lugar de trabajo.

SEÑORITA, NO QUEREMOS QUE SE NOS MOLESTE... ESTAMOS EXAMINANDO UN VÍDEO MUY IMPORTANTE...

El contenido

La calidad y la corrección conceptual del tema tratado se pueden valorar sólo a través de la competencia específica de un profesional. Por ejemplo, la frase «La fórmula química del agua es H_3O» es correcta en lo que a principios de la lengua funcional se refiere, pero es de muy mala calidad respecto al contenido.

Los puntos sobre los que centrar la atención son:

— la conveniencia de los argumentos tratados con respecto a la finalidad del texto: ¿faltan argumentos interesantes? ¿Hay ideas superfluas?
— la mayor cantidad de información: ¿el texto trata exhaustivamente el tema?
— el equilibrio general del texto: ¿tiene cada uno de los argumentos su justa importancia dentro del texto? ¿Hay ideas tratadas demasiado en profundidad o todo lo contrario?

La exposición

La revisión del estilo de la exposición verifica que la información se exprese en términos comprensibles para el lector sin que exista la posibilidad de malentendidos o confusiones. Si un documento contiene pasajes especialmente difíciles, el orden de presentación, exposición y relación lógica será

58

el más lineal posible. Una prosa lineal, analítica y de gran expresividad es señal de una organización moderna y eficaz. Son, por tanto, irreconciliables con ella los términos del registro burocrático, las expresiones poco adecuadas, los errores. Dentro de la categoría de incorrecto se encuentran las fórmulas grandilocuentes o vagas, las cláusulas para minimizar la responsabilidad del que escribe, las ironías o paradojas, las expresiones retóricas. Quedan fuera de lugar en un escrito funcional las expresiones metafóricas, las frases hechas y las exposiciones en forma de diálogo; sólo la transcripción de una entrevista o de un estudio realizado con un cuestionario puede seguir el esquema de preguntas y respuestas.

El orden de revisión de una exposición debe ser, por tanto, el siguiente:

— validez de la secuencia de presentación: ¿el orden en el que se desarrolla el texto es el más conveniente para el lector? ¿Los datos se facilitan de forma directa y analítica de modo que se transmite sin reservas el dominio sobre el tema?
— evidencia de las conexiones lógicas entre las ideas: ¿los nexos internos se advierten con claridad? ¿Son eficaces?
— claridad en la exposición: ¿se presentan los conceptos de modo que se puedan comprender inmediatamente? ¿Un lector hipotético sin nada que ver con el tema comprendería al menos la esencia de lo escrito?
— organización del texto: ¿se encuentra fácilmente la información?
— estilo: ¿es claro y conciso? ¿Se han introducido expresiones erróneas o no aceptables?
— propiedad de la terminología: ¿son correctos los términos técnicos? ¿Se adecúan al contexto y a los destinatarios? ¿Se han adoptado de forma coherente a lo largo del texto?

La forma

Un documento profesional no puede tener un estilo de redacción aproximado y arbitrario. La revisión comprueba justamente los diversos aspectos formales del texto[3]:

— el uso coherente de las mayúsculas, comillas y cursiva;
— la exactitud en los nombres y términos, citas, valores numéricos.

La revisión de la forma incluye también la corrección gramatical del texto. Cometer un error ortográfico, aunque sea pequeño, resta valor al autor más competente. La corrección informática, aunque muy eficiente, no es capaz de comprobar todos los aspectos de un texto. El autor debe vigi-

3. Véase también las indicaciones al respecto presentadas más adelante en el capítulo «La redacción correcta y uniforme del texto».

lar las concordancias entre los nombres, pronombres y formas verbales: un documento que comience con el sujeto en tercera persona del singular debe mantener la misma forma en todo el texto («El abajo firmante… en calidad de representante legal de… declara… certifica…»). Pueden resultar puntos críticos las relaciones consecutivas entre modos y tiempos de los verbos, y las formas irregulares.

EL SUBJUNTIVO

El subjuntivo es el modo verbal que expresa posibilidad, incertidumbre, duda. Se usa en las subordinadas sustantivas (incluidas las interrogativas indirectas) y en las relativas (las más frecuentes en la sintaxis de la oración).

Es necesario tras verbos y locuciones verbales que indiquen deseo, duda, posibilidad, finalidad, esperanza, temor.

SÍ	NO
Posiblemente mañana coma con nosotros	Posiblemente mañana come con nosotros
Tememos que se abandone el proyecto	Tememos que se abandona el proyecto
Esperamos que las acciones experimenten una nueva baja	Esperamos que las acciones experimentan una nueva baja

Es preferible después de un superlativo relativo o de expresiones del tipo «el primero que», «el último que».

Además, el subjuntivo se usa en el periodo hipotético para indicar:

posibilidad	en presente	«Si participáramos en la iniciativa, obtendríamos ventajas»
	en pasado	«Si hubiéramos participado en la iniciativa, habríamos obtenido ventajas»
irrealidad	en presente	«Si este archivo se hubiera infectado (pero no es así), estaría en apuros»
	en pasado	«Si este archivo hubiera estado estropeado (pero no estaba) habría estado en apuros»

60

Busque los errores que se esconden en las siguientes frases: son un ejemplo de algunos de los despistes estilísticos y gramaticales en los que es fácil caer.

1 | Con fecha 18 de octubre de 1998 obtuvimos una financiación a bajo interés concedida por el Fondo especial para la investigación aplicada con arreglo al Decreto ministerial MURST 08/08/1997. Se solicita, por lo tanto, si, y en qué medida, son posibles formas posteriores de bajo interés para subvencionar la actividad.

2 | Cada técnico responsable del control del BX37-5 debe presentar una copia de los resultados de los tests al final del día. Los mismos deberán cumplimentar todos los días el modelo 4.1.

3 | El registro de datos de todas las fases de trabajo, cada una con diferentes elementos de valoración, se realizan con un único comando.

4 | Aunque intervengan elementos imprevistos durante el experimento, considero que los resultados que se obtuvieran seguirían siendo los esperados.

5 | La decisión fue adoptada por la asamblea de socios con carácter irrevocable.

6 | En una época caracterizada por una segmentación del mercado cada vez más mayor, el éxito se obtiene gracias a una integración empresarial estrecha, solo realizable cuando las diferentes funciones y divisiones colaboran eficazmente entre ellas.

1 | El mismo tema se expresa al principio con la primera persona del plural (*obtuvimos*) para después pasar a la forma impersonal del verbo (*se solicita*).
Con fecha 18 de octubre de 1998 obtuvimos una financiación a bajo interés concedida por el Fondo especial para la investigación aplicada de acuerdo con el Decreto ministerial MURST 08/08/1997. Solicitamos, por tanto, si, y en qué medida, son posibles posteriores formas de bajo interés para subvencionar la actividad.

2 | Existe un problema de concordancia del pronombre (*cada técnico/los mismos*) y la frase es demasiado pesada:
Los técnicos responsables del control del BX37-5 deben presentar una copia de los resultados de los tests al final del día y cumplimentar diariamente el modelo 4.1.

3 | Error de concordancia entre el sujeto y el verbo (*el registro/realizan*):
El registro de datos de todas las fases de trabajo, cada una con diferentes elementos de valoración, se realiza con un único comando.

4 | El modo verbal de la subordinada con «aunque» debe ser el subjuntivo:
Aunque intervinieran elementos imprevistos durante el experimento, considero que los resultados que se obtuvieran seguirían siendo los esperados.

5 | Uso innecesario de la pasiva:
La decisión de la asamblea de socios tiene carácter irrevocable.

6 | Es un error colocar el adverbio («más») al lado de un comparativo («mayor»); falta el acento del adverbio «solo»:
En una época caracterizada por una segmentación del mercado cada vez mayor, el éxito se obtiene gracias a una integración empresarial estrecha, sólo realizable cuando las diferentes funciones y divisiones colaboran eficazmente entre ellas.

Cómo adquirir habilidad en la corrección

Producir documentos bien estructurados y eficaces dentro de unos márgenes de tiempo reducidos exige habilidad y práctica. Es una empresa en un comienzo ardua que no se limita a la capacidad de afrontar las sutilezas formales de la prosa técnica y funcional. La capacidad de escribir mejora, principalmente, tras el análisis de muchos documentos de referencia y tras reconocer en ellos criterios macroscópicos de validez. Por tanto, es útil proveerse de una colección de modelos y ejemplos válidos para diversos tipos de documentos, teniendo cuidado de ponerlos constantemente al día. De ser posible, también es beneficioso corregirlos con otra persona, por ejemplo, un compañero de trabajo al que dejaremos leer el texto solicitándole críticas exactas: dónde se pierde el hilo del tema, la posibilidad de afrontar un problema de modo diferente. La revisión recíproca entre colegas podría transformarse en una buena costumbre.

Para hacer una revisión se debe reservar el tiempo necesario: la considerable mejora de la calidad compensa con creces la necesidad de planificar los textos con cierta anticipación con respecto a la fecha prevista.

El especialista en revisión: el editor

Las organizaciones grandes y muy estructuradas pueden contar con una figura especializada, el editor, que vigile todas las relaciones e informes para que tengan un estilo uniforme y acorde con las necesidades formales de la empresa. En estos casos, generalmente, el autor escribe ya con arreglo a esquemas estándar y conoce los criterios de validez que hay que se-

LO ÚNICO QUE NO HE CAMBIADO EN SU INFORME ES LA FECHA...

REVISOR

guir. El editor se limita a intervenir lo estrictamente necesario en la forma, señalando las modificaciones oportunas, principalmente en la estructura de la frase y el párrafo. Esta operación es un acto de colaboración intelectual que no ocasiona ningún problema a ninguna de las partes.

La tarea del editor es sólo la de asegurar que el texto tenga una forma clara, legible y que se corresponda con la imagen de la empresa. El editor no debe forzar al autor a corregir errores que lleven consigo un cambio radical del texto: esto sería incorrecto porque el autor es el único responsable de lo que firma, incluso si otros corrigen el texto. Además sería contraproducente porque generaría fricciones y un considerable retraso debido a la reescritura. El autor, por su parte, no debe ofenderse por la revisión: no puede considerarla como una ofensa, ni puede mandar a revisión un texto que no haya desarrollado, porque sólo él es el responsable de esta tarea.

Composición e impresión

La tecnología informática, gracias al *word processing* (programas de procesamiento de textos) ha acabado realmente con esta fase. La redacción y composición de un texto se realizan en un ordenador y cada modificación, añadido o corrección ya no suponen volver a escribir la página (como sucedía con los documentos escritos con máquina de escribir). Redacción y composición coinciden, y la impresión está subordinada sólo a una simple orden de envío.

La composición del texto se lleva a cabo automáticamente teniendo como base un modelo diseñado de forma previa y que se puede actualizar constantemente para cada tipo de documento. Así quedan fijados los elementos que se repiten en los textos empresariales: formato, márgenes, interlineado, tipo y tamaño de los caracteres, encabezamiento o logotipo de la empresa, objeto, espacio para la fecha y el destinatario.

La compaginación final del documento debe resultar espaciosa y bien equilibrada. La mejor manera de leerlo se consigue, de hecho, no concentrando el texto por toda la superficie de la página sino distribuyéndolo dentro de los márgenes y espacios en blanco apropiados entre las líneas y los párrafos para hacer agradable la lectura.

En cuanto a los caracteres, la elección debe limitarse a tipos muy sobrios (preferiblemente Arial o Times New Roman) y tener en cuenta la posibilidad de acabado de la impresora. Para resaltar información interesante es posible utilizar, sin excesos, elementos gráficos: caracteres en negrita o cursiva o ayudas para la lectura como flechas o signos similares.

Los programas de compaginación y composición gráfica *(desktop publisher)* permiten un acabado final que puede competir con otros procesos de impresión muy sofisticados, aumentan las posibilidades de comunicación de un documento y le conceden una identidad gráfica que hace que se reconozca rápidamente la organización a la que pertenecen.

Las subdivisiones funcionales del texto

Los párrafos

Dentro de la tipografía, el párrafo es una parte del texto comprendida entre dos saltos de línea sucesivos y que habla de un mismo tema. Por extensión, un párrafo es una subdivisión lógica y estructural del texto, «una unidad informativa individual» que contiene un concepto básico del tema afrontado. Cada párrafo está formado por uno o más periodos que tienen el mismo tema, presentado en la primera frase o frase guía, seguida por las demás que están separadas por punto y seguido.

La estructuración por párrafos satisface varias exigencias:

— hace que el texto sea más legible y permite que el lector siga fácilmente el recorrido lógico; esto queda subrayado por la estructura tipográfica del texto: cada inicio con sangrado es la señal de que comienza un nuevo párrafo y, por consiguiente, un nuevo concepto;
— permite organizar el texto teniendo también en cuenta otros usos diferentes de la lectura integral: ojeada rápida, búsqueda pormenorizada, consulta de una idea específica dentro de un documento muy voluminoso.

La extensión

La extensión y la complejidad del párrafo dependen de dos elementos:

1. La preparación y la capacidad de concentración de los lectores (unidas generalmente). Cuanto más preparado esté el destinatario sobre el tema, mayor será la cantidad de información que se pueda proponer en un único párrafo;
2. La dificultad lógica del tema. Los pasajes arduos son más fáciles de entender si el tema está más compartimentado.

Utilizando una imagen del mundo del deporte, el escritor es como un entrenador que mide la actuación del atleta/lector según su capacidad y preparación. La extensión de un párrafo no es señal de la importancia de su contenido en el conjunto del texto. En la medida de lo posible, los párrafos deberán ser más bien breves pero sin que rompan excesivamente la exposición. Debe evitar que se convierta en un paseo por unidades demasiado lapidarias y escuetas que den la impresión de tratarse de notas personales. Así por ejemplo:

> Nuestros técnicos se dirigieron rápidamente a la sede del cliente.
> Las operaciones de control del material dañado se llevaron a cabo sin dilación.
> El primer informe estará preparado para mañana.

Esta nota contiene los elementos necesarios que se deben comunicar expresados de forma excesivamente fraccionada. Por esa razón la lectura no fluye sino que se realiza forzosamente a golpes, los nexos son tácitos y el curso de las ideas y de los hechos resulta difícil de apreciar. Para conseguir un efecto menos lacónico basta con reunir, al menos, las dos primeras fases en un único bloque lógico y tipográfico unido al último periodo que, a su vez, se presenta como una breve conclusión:

> Nuestros técnicos se dirigieron rápidamente a la sede del cliente. Las operaciones de control del material dañado se realizaron sin dilación. Como resultado está previsto un informe sobre la cuantía y el valor de los daños para mañana.

Un párrafo largo no tiene por qué ser ineficaz si el orden de exposición, es decir, el paso de una frase a otra, conserva una lógica. Son frecuentes, además, los casos de conceptos guía presentados en párrafos breves y explicados sucesivamente en párrafos subordinados más largos.

Evidencia y orden

Para que quede claro dónde acaba un párrafo se puede colocar un punto y aparte y dejar una línea en blanco. De este modo se acentúa el hecho de que cada párrafo constituye un bloque distinto. Otra señal de distinción es la pequeña sangría de la primera línea de cada párrafo. Se trata de una vieja convención editorial, es elegante y ayuda al lector en la búsqueda visual a través de la página y las líneas.

En los textos técnicos y en los documentos legales, a menudo los párrafos se distinguen con una letra minúscula del alfabeto o con números para facilitar las búsquedas internas por el texto y dejar claro el orden del discurso y la posible jerarquía de la información. Las letras del alfabeto son cómodas para señalar una serie de párrafos en los que los temas lógicos vayan en progresión en lugar de jerárquicamente. La numeración, por el contrario, se usa para dejar clara la subordinación de los temas: los párrafos principales son los que enuncian el tema lógico (primer nivel), los párrafos subordinados (sucesivos niveles de numeración) desarrollan el contenido de la frase guía que los precede o sirven de transición al párrafo siguiente en orden.

Los nexos recíprocos

El párrafo suele ser habitualmente un bloque autónomo colocado al lado de otros por afinidad o secuencia de contenidos pero sin un nexo de unión (o con uno muy débil) con los párrafos que lo preceden y siguen. Cuando, por el contrario, un tratado se distribuye en varios párrafos unidos, las conexiones se realizan mediante los llamados «nexos fuertes»: expresiones o adverbios que expresan explícitamente consecuencia lógica de tiempo y de lugar. La prosa funcional adopta a menudo esta técnica porque favorece la continuidad del discurso y agiliza la lectura.

Los nexos fuertes más comunes expresan:

1. Conexiones cronológicas:

> — En primer lugar/Antes de nada… En segundo término…
> Finalmente/A continuación…
> — Inicialmente/Primero… Sucesivamente/Después… Al final…
> — Apenas/Mientras… Después…

2. Simultaneidad:

> — Paralelamente…
> — Al mismo tiempo…

3. Clasificación:

> — Se puede subdividir en tres puntos… Primero… Segundo… Tercero…
> — Otro elemento fundamental es…
> — En la última categoría se halla…

4. Finalidad:

> — Este proyecto persigue tres objetivos…
> — Esta medida responde a exigencias de…

5. Causa:

> — Esto porque…
> — Todo lo dicho se debe…

6. Consecuencia:

> — Por lo tanto…
> — De resultas…
> — De tales premisas se deriva que…
> — Todas estas razones llevan a…
> — Las prioridades serán por consiguiente: a)…; b)…; c)…

7. Contraposición, divergencia:

> — Por otra parte…
> — Al contrario…
> — En lugar de…
> — Si bien…
> — Sin embargo…
> — Aunque….

8. Identidad y confrontación:

> — Con el mismo objetivo…
> — Del mismo modo…
> — Al mismo tiempo…
> — Como…

9. Ejemplo:

> — Para demostrar esto…
> — Un último ejemplo de…
> — A título de ejemplo…

Señale las ideas principales de los siguientes textos y divídalos en párrafos.

1 Las gestiones patrimoniales en títulos (GPM) constituyen un servicio personalizado facilitado por bancos e intermediarios mobiliarios. Estas entidades, en las que delega el inversor, invierten su capital según una línea acordada. A diferencia de todas las demás formas de ahorro gestionado, las gestiones patrimoniales facilitan un servicio personalizado al inversor. El capital mínimo para acceder es, en proporción, mucho más bajo que el que se requiere, por ejemplo, para una gestión de fondos. La razón reside en el hecho de que sería muy difícil para los gestores efectuar una diversificación de inversiones eficaz sin una base lo suficientemente amplia de recursos para invertir.

2 El teletrabajo es una modalidad nueva para administrar las relaciones de trabajo a distancia de una manera flexible y con la ayuda de las tecnologías informáticas avanzadas. Se trata de una actividad desarrollada por un trabajador asalariado o autónomo en un lugar diferente de los ámbitos de trabajo tradicionales. No varían los contenidos del trabajo sino la modalidad de realización dentro de un contexto en el que se rompe la estructura de tiempo y espacio. Las ventajas para el trabajador van desde la posibilidad de administrar personalmente su horario de trabajo hasta la de eliminar los trayectos de casa al trabajo. Las ventajas para las empresas consisten en la reducción de costes fijos (debido al aumento de las dimensiones empresariales y de la productividad) y una mayor flexibilidad organizativa. Se empezó a hablar del teletrabajo mucho antes de que estuvieran disponibles medios como el fax, los ordenadores personales y las redes de comunicación digitales que lo hacen hoy posible y utilizable a gran escala. El teletrabajo facilita el nacimiento de nuevas profesiones, incluso de alto nivel en términos de creatividad y de habilidades específicas. Las innovaciones recientes convierten a Internet en el vehículo principal para la práctica y difusión del teletrabajo. La disponibilidad cada vez mayor de conexiones a bajo coste, la evolución de estructuras informáticas empresariales, el parecido entre Internet y los sistemas internos «Intranet», la disponibilidad de los mecanismos de seguridad capaces de librar a las empresas de ataques provenientes del exterior, convierten a Internet en una interesante «red de trabajo» interno y externo para las empresas. Sin duda, el teletrabajo a través de Internet es una perspectiva útil para trabajadores y empresarios.

1 Las ideas principales que se extraen del texto son:
— ¿Qué son las gestiones patrimoniales en títulos?
— ¿En qué se diferencian de las demás formas de ahorro gestionado?
— ¿Cuál es el capital mínimo de acceso?

Por lo tanto la división en párrafos queda de la siguiente forma:
— Las gestiones patrimoniales en títulos (GPM) constituyen un servicio personalizado facilitado por bancos e intermediarios mobiliarios. Estas entidades, en las que delega el inversor, invierten su capital según una línea acordada.
— A diferencia de todas las demás formas de ahorro gestionado, las gestiones patrimoniales facilitan un servicio personalizado al inversor.
— El capital mínimo para acceder es, en proporción, mucho más bajo que el que se requiere, por ejemplo, para una gestión de fondos. La razón reside en el hecho de que sería muy difícil para los gestores efectuar una diversificación de inversiones eficaz sin una base lo suficientemente amplia de recursos para invertir.

2 Las cuestiones lógicas individuales son:
— ¿Qué es el teletrabajo?
— ¿Cuáles son sus ventajas?
— ¿Cuándo surgió y con qué consecuencias?
— Las innovaciones tecnológicas.

Basta con cuatro párrafos para dar forma al texto pero se pueden admitir incluso seis o siete para hacerlo más ligero.
— El teletrabajo es una modalidad nueva para administrar las relaciones de trabajo a distancia de una manera flexible y con la ayuda de las tecnologías informáticas avanzadas. Se trata de una actividad desarrollada por un trabajador asalariado o autónomo en un lugar diferente de los ámbitos de trabajo tradicionales. No varían los contenidos del trabajo sino la modalidad de realización.
— Las ventajas para el trabajador van desde la posibilidad de administrar personalmente su horario de trabajo hasta la de eliminar los trayectos de casa al trabajo. Las ventajas para las empresas consisten en la reducción de costes fijos (debida al aumento de las dimensiones empresariales y de la productividad) y una mayor flexibilidad organizativa.
— Se empezó a hablar del teletrabajo mucho antes de que estuvieran disponibles medios como el fax, los ordenadores «personales» y las redes de comunicación digitales que lo hacen hoy posible y utilizable a gran escala. El teletrabajo facilita el nacimiento de nuevas profesiones, incluso de alto nivel en términos de creatividad y de habilidades específicas.

> — Las innovaciones recientes convierten a Internet en el vehículo principal para la práctica y difusión del teletrabajo. La disponibilidad cada vez mayor de conexiones a bajo costo, la evolución de estructuras informáticas empresariales, el parecido entre Internet y los sistemas internos (Intranet), la disponibilidad de los mecanismos de seguridad capaces de librar a las empresas de ataques provenientes del exterior, convierten a Internet en una interesante «red de trabajo» interno y externo para las empresas.

Las listas

Un párrafo puede contener una enumeración de elementos análogos con una sucesión lógica, bien definidos y en orden. En este caso, tras una introducción, el párrafo se puede estructurar en una lista con más elementos.

Formalmente se distinguen listas horizontales y verticales según los elementos estén dispuestos respectivamente de forma continua o con cambio de línea después de cada uno de ellos. Cuanto más diverso sea el significado de los elementos, más evidente tendrá que ser la segmentación mediante la disposición gráfica.

Para distinguir cada una de las voces se utilizan:

— guiones o signos gráficos parecidos (puntos, asteriscos, flechas, etc.) para dejar claro que es una serie de datos correlativos;
— cifras en progresión (árabes o romanas) o bien letras del alfabeto (mayúsculas o minúsculas) para reflejar la sucesión lógica o cronológica de los elementos y permitir su búsqueda desde otro punto del texto.

La lista normalmente viene introducida por dos puntos. Las voces se separan por punto y coma si están ligadas gramaticalmente al texto de introducción y por punto y aparte si están constituidas por frases enteras:

— disposición continua, sin indicaciones:

> Las selecciones de personal a través de la prensa representan el 30-40 % del total. El procedimiento de selección es el siguiente: recogida del currículum; separación de aquellos que se consideran más interesantes; convocatoria de las personas para una entrevista o cumplimentación de un test psicológico; presentación de un grupo reducido de candidatos a la empresa; asesoramiento de la empresa en la elección de la persona idónea para el puesto.

— lista con puntos y aparte:

Contribuciones realizadas por los sujetos inscritos a la gestión por separado del 10 % del INPS. Resumen.

Trabajadores autónomos y profesionales con declaración de IVA:
— un 10 % para los inscritos a otras formas de asistencia obligatoria (a pagar con la declaración de sus rentas);
— un 12 % para los que no estén inscritos a otras formas de asistencia obligatoria (a pagar con la declaración de sus rentas).

Colaboradores y trabajadores permanentes:
— un 10 % para los colaboradores en posesión de otra cobertura de asistencia social (incluidos también el subsidio y la prestación de desempleo);
— un 12 % para los colaboradores sin otra cobertura de asistencia social.
En ambos casos el impuesto grava 2/3 sobre el ordenante y un 1/3 sobre el colaborador.

— lista numerada con cambios de línea:

Circular n.° 3/1998
Asunto:
1. Impuesto concesiones gubernamentales (certificación de los libros contables de la sociedad de capitales);
2. IRPF adicional;
3. Certificación de los sustitutos de impuestos;
4. Declaraciones y pagos fiscales (novedad).

Una lista presenta una serie de informaciones afines: la analogía del contenido debe encontrar correspondencia también con una analogía en la expresión. Por tanto, todos los elementos de una lista deberían tener una estructura lingüística uniforme: puede tratarse de una serie de expresiones nominales o cada elemento puede estar formado por una frase entera. La mezcla de formas impide la progresión y se debe evitar.

Los documentos que mejor se prestan para ser expuestos en listas son los técnicos y, en general, los textos que presentan:

— secuencias de trabajo e instrucciones;
— los pasos de un procedimiento codificado (en la práctica administrativa y legal, por ejemplo);
— las fases de una sucesión de acciones o hechos, seguidos cronológicamente.

Vuelva a organizar el texto en párrafos estructurados en listas, enumeraciones o elencos, con cambios de línea si lo requiere.

La nueva normativa sanitaria concede una atención especial al servicio que se ofrece al ciudadano/paciente por parte de la estructura sanitaria que lo facilita. Es evidente, entonces, que la estructura sanitaria, como cualquier otra empresa, debe conocer las necesidades del cliente y conocer su grado de satisfacción mediante un proceso de control sistemático de las expectativas previas del cliente (influido previamente por las experiencias propias o de los demás y por la imagen que acompaña al servicio) así como al final de la prestación, para valorar el grado de satisfacción final. Comprender con exactitud lo que desea el paciente no implica automáticamente una eficacia mayor en la empresa. Los obstáculos que se deben superar todavía tienen que ver con el personal, que se debe formar e implicar en la voluntad de contribuir a la mejora, y con los instrumentos a disposición para facilitar los esfuerzos y controlar los resultados.

SOLUCIONES

La solución propuesta es sólo una entre las muchas posibles.

La nueva normativa sanitaria concede una atención especial al servicio que se ofrece al ciudadano/paciente por parte de la estructura sanitaria que lo facilita. Es evidente, entonces, que la estructura sanitaria, como cualquier otra empresa, debe conocer:

1. Previamente:
— las expectativas del cliente (influido con anterioridad por las experiencias propias o de los demás y por la imagen que acompaña al servicio);
— sus necesidades;
2. Posteriormente: el grado de satisfacción final.

Comprender con exactitud lo que desea el paciente no implica automáticamente una eficacia mayor en la empresa. Los obstáculos que se deben superar todavía se agrupan principalmente en dos frentes:
— el personal, que se debe formar e implicar en la voluntad de contribuir a la mejora;
— los instrumentos a disposición para facilitar los esfuerzos y controlar los resultados.

Secciones y partes

Generalmente, el cuerpo de un texto profesional desarrollado en varias páginas se divide en secciones: cada una expone un aspecto especial del tema tratado y puede subdividirse en más niveles jerárquicos y de interés posteriormente. Cada sección debería afrontar temas de peso descriptivo comparable.

En un texto especialmente largo y denso las secciones pueden ser agrupadas en partes: estas se configuran como conjuntos de secciones con un denominador lógico común.

Lógica en la sucesión de las secciones

La sucesión de cada sección y sus divisiones internas debe llevarse a cabo de forma concatenada y coherente. De hecho, responde a la misma lógica del flujo expositivo y se desarrolla mediante:

— declaraciones sintéticas del nuevo tema unido, cuando sea el caso, a las conclusiones de la sección anterior;
— desarrollo del tema de forma coherente con el general de la sección;
— conclusión con la posibilidad de presentar el siguiente tema.

Los títulos

Cada texto y parte de texto (sección, párrafo, subpárrafo) tiene un título. La única excepción es la correspondencia donde tal función se realiza con la identificación del asunto.

La definición debe ser breve y significativa para resumir en una palabra o una frase todo el contenido. Cuando el texto se distribuye en una sucesión de secciones con argumentos tratados de forma análoga, es oportuno unificar los títulos siguiendo un esquema de construcción recurrente. Los títulos de un documento profesional son *descriptivos*, informan al lector del contenido (por ejemplo, *Creación de un subdirectorio*). No se aconsejan títulos con corte periodístico. Algunos reclamos o imágenes figuradas adaptadas a un artículo (como *Sindicatos en pie de guerra*) molestan en una relación empresarial donde el interés del lector se conquista con el contenido, no con un golpe de efecto.

El título puede dividirse en dos partes: la primera, más general, y una segunda complementaria que ciñe el argumento. Un título en dos partes separadas por un punto, dos puntos o punto y coma —tema; explicación o delimitación del tema— es más eficaz que un único título muy largo. Por ejemplo:

> Resultados de los estudios microbiológicos según…: enero-marzo de 1998
>
> El sistema de presupuesto: el modelo de optimización de las relaciones de interdependencia económica, financiera y organizativa
>
> El balance del ejercicio: significado e interpretación de los resultados de síntesis
>
> La figura profesional del informador en los museos: papel, formación y aspectos normativos

Los títulos de las partes, secciones y párrafos permiten:

— recorrer fácilmente lo escrito para pasar de un punto clave a otro;
— facilitar la lectura al introducir núcleos de material homogéneo;
— agilizar el recuerdo del material expuesto.

La numeración

Cada sección y parte de texto está indicada por un título y, posiblemente, un número[4]. La numeración es necesaria de manera especial en un documento amplio y estructurado para facilitar su consulta.

Las secciones principales se indican generalmente con números árabes progresivos (1, 2, 3…); las subdivisiones de segundo nivel se distinguen con el número de sección que los ha generado y el correspondiente dentro de ella (1.1; 1.2; … ; 2.1; 2.2; …; 3.1; 3.2; …) y así en los niveles sucesivos.

4. La numeración de las secciones está regulada por la normativa ISO 2145.

Para evitar enumeraciones complejas y excesivas fragmentaciones del texto, es mejor no sobrepasar el tercer nivel de subdivisión.

Esquema de numeración en progresión de tres niveles de subdivisión del texto		
1.er nivel 2.° nivel		3.er nivel
1		
2	2.1	
	2.2	2.2.1
		2.2.2
		2.2.3
	2.3	2.3.1
		2.3.2
	2.4	

Las referencias

Se introducen en un texto muy largo para facilitar al lector nexos con otros puntos significativos. Evitan la interrupción del discurso con aclaraciones desarrolladas en otro punto o la repetición de datos. No es oportuno abusar de ellas: un informe con muchas referencias es incómodo e irritante de consultar.

Los principales tipos de referencias son:

— «véase»: señala el punto del texto donde se desarrolla una idea que sólo aparece en el punto al que se nos envía;
— «véase también»: señala dónde encontrar más informaciones sobre el tema tratado en el punto de remisión.

— «compárese (cf.)»: relaciona por analogía o contraste dos aspectos de un mismo tema.

Las referencias pueden enviar al lector a cualquier parte del texto y sus instrumentos (tablas, ilustraciones, etc.), separadas gracias a la numeración o los títulos. No conviene darle a la referencia una página concreta porque en la fase de revisión la paginación puede cambiar y se tendría que rectificar la referencia de nuevo.

La redacción correcta
y uniforme del texto

No se pueden codificar las elecciones a la hora de redactar un texto. Influyen factores como los gustos personales además de que muchas empresas privadas u organismos públicos están sujetos a normas específicas que prevalecen sobre cualquier indicación externa. Las soluciones propuestas a continuación proceden, de todas formas, de normativas oficiales y de consejos expresados en diferentes publicaciones nacionales y extranjeras.

La mayúscula

El uso de la primera letra en mayúsculas al comienzo de una frase y de los nombres propios es de sobras conocido. Pero puede que no esté tan claro en otras situaciones.

Se debe poner mayúscula:

— al inicio de un título;
— al principio de una cita directa;
— al principio de cada elemento de una lista vertical precedido por un punto (véase pág. 71);
— en todos los nombres y adjetivos que forman una designación propia: Consejo Superior de Deportes; Consejo de Administración.

Una palabra se escribe por completo en mayúsculas cuando se trata de:

— siglas o acrónimos (siempre sin puntos de abreviatura ni espacios): UE (Unión Europea); TAC (Tomografía Axial Computarizada); APA (Asociación de Padres de Alumnos);

— lenguajes especiales que requieren el uso de letras en mayúscula (mensajes en pantalla; lenguajes informáticos: nombres de archivos, secuencia de órdenes, etc.).

La inicial mayúscula no es estrictamente obligatoria y es preferible el uso de la minúscula cuando un término se utiliza con un significado común (por ejemplo, la *universidad* como institución a la que se confía la actividad de estudio y no con un significado restrictivo o de denominación: la *Universidad* Católica del Sagrado Corazón).

Las siglas pueden escribirse con la inicial en mayúscula si son tan conocidas que ya forman parte del lenguaje habitual: la Fiat, la Seat.

Cursiva y negrita

En los textos profesionales la *cursiva* se utiliza en pocas ocasiones. La prosa funcional debe otorgar la importancia precisa a sus términos y conceptos por medio de una eficaz estructuración del discurso en lugar de hacerlo mediante recursos tipográficos. Se pueden escribir en cursiva:

— los términos técnicos, pero sólo la primera vez que aparecen en el texto:

> Un *sistema operativo* es un programa que controla el flujo de datos entre el ordenador, los periféricos de input/output y los de grabación.

— los términos y expresiones extranjeras que no sean de uso corriente en español, incluidos los sectores especializados;
— la traducción en una lengua extranjera de expresiones en español:

> Operador experto en la introducción de datos (*data entry*)

— las palabras en uso metalingüístico (cuando se utilizan para hablar de sí mismas):

> El término *variación* se utiliza aquí en su acepción más amplia.

El uso de la *negrita* se reserva generalmente a los títulos.

Las comillas

Resaltan palabras o frases en función de su contenido. Su uso excluye el de la cursiva. Las comillas se utilizan:

— con palabras o frases citadas directamente de un texto o de un discurso oral;
— con términos utilizados en una acepción especial de su significado;
— para marcar palabras utilizadas irónicamente:

Pueden valorar exactamente qué «ahorro» hemos obtenido.

Sin embargo, la prosa funcional no admite ironías. Es mejor que surja una polémica de una exposición adecuada del tema.

Números y cantidades numéricas

En un texto de carácter técnico se suele preferir la escritura de los números en cifras ya que es más clara e inmediata. Algunos manuales señalan la convención especial de escribir en cifras todos los números mayores o iguales a 10 (o 100, en textos no puramente técnicos). Para una mayor claridad es preferible que una frase no comience directamente con un número. Cuando un número se escribe en letras, aunque sea mayor o igual a diez («Quince técnicos están ya en el lugar»), se escribirán también en letra los números que pueda haber relacionados con el primero («Quince técnicos y cuarenta trabajadores están ya en el lugar»). De este modo la coherencia de la frase queda garantizada.

CUANDO SE ESCRIBE UNA CIFRA CON LETRAS

Se escriben enteras las unidades de medida que aparezcan cuando el numeral deba escribirse con letras: «doce gramos» y no «doce g».

Nombres y símbolos de unidades de medida

Los textos de carácter técnico y científico imponen un uso riguroso de las unidades de medida y de sus símbolos correspondientes. Se escriben:

— con el nombre entero cuando no van acompañadas de valor numérico: «pocos gramos» y no «pocos g»;
— con su símbolo cuando van acompañadas de un número: «0,5 kg» y no «0,5 kilogramos» ni «kilogramos 0,5».

La inicial de los nombres de unidades de medida es siempre minúscula incluso si proceden de nombres de persona: *metro*, *lux*, *newton*, *amperio*.

¡Recuerde!

Los símbolos de unidades de medida no llevan nunca punto y se colocan siempre detrás del nombre al que califican.

Los símbolos son fruto de convenciones, variables de una medida a otra y, por lo tanto, se deben respetar fielmente incluso en lo que se refiere al uso de mayúsculas y minúsculas:

hz = herzio	A = amperio
Lx = lux	kg = kilogramo
cd = candela	J = julio

Los valores monetarios

Los textos de empresas o de carácter técnico o financiero usan generalmente los símbolos convencionales de las monedas. En este caso los valores numéricos se escriben en cifras y el símbolo de la moneda se coloca tras la cifra: 200 $.

Cuando se encuentran inmersos en un discurso, los valores monetarios se asimilan a cantidades normales numéricas: el nombre de la moneda sigue al valor numérico y, si es el caso, se expresan en plural: un dólar, diez dólares; 10.000 libras esterlinas; 500.000 yenes o quinientos mil yenes.

Algunas precisiones gramaticales

✓ *Gerundio*. Este tiempo verbal expresa una acción en desarrollo, anterior o simultánea a la principal. Es incorrecto su uso como participio de presente (se trata de un galicismo), esto es, como adjetivo en función de atributo («un barril conteniendo 100 litros de cerveza»). Igualmente es incorrecto (fallo que se comete con mucha frecuencia) cuando se utiliza para indicar una acción posterior a la principal. Ejemplo: «Viajó a Mallorca en avión, asistiendo a un congreso de ginecología». Tal y como está escrito, el congreso se celebró en el avión, que no parece el sitio más adecuado para reuniones de este tipo.

✓ *Dequeísmo*. Es incorrecto el uso de la fórmula *de que* cuando se trata de una oración completiva con un verbo que no rige la preposición *de*. Ejemplos: «Creo que no está bien», y no «Creo de que no está bien». Esta norma no debe inducir a la equivocación de suprimir el *de* en verbos o construcciones en las que rige esta preposición. Es correcta la oración «Le informó de que vendría» y, sin embargo, es incorrecta «Le informó que vendría».

✓ *Laísmo*. Se llama así a la utilización incorrecta de *la* por *le* en función de complemento indirecto. Es una falta corriente en algunas regiones, especialmente en el norte de Castilla. Ejemplos: «La llevaremos un paquete» (a ella). Lo correcto en este caso es «Le llevaremos un paquete».

✓ *Leísmo*. Para indicar complemento indirecto se deben emplear siempre *le* o *les*. Estos dos pronombres pueden usarse también como complemento directo si sustituyen a un masculino de persona. *Leísmo* es, por tanto, el uso indebido de *le* y *les* como complemento directo. Ejemplos: es incorrecto «Vi a la directora general y le llamé» (debe decirse «la llamé»).

La puntuación

La puntuación marca las pausas del discurso y es, por lo tanto, un aspecto fundamental y delicado. Sin los signos de puntuación las palabras y las frases tendrían dificultades en encontrar orden dentro de la mente del lector. La puntuación traduce la estructura y el desarrollo del discurso disponiéndolo en un tapiz de pequeñas y grandes unidades lógicas. Gracias a los signos de puntuación los conceptos escritos pueden conservar y reflejar la energía y la vida de la palabra que se ha pronunciado. Es difícil establecer normas precisas para la puntuación. De hecho, muchas de las elecciones se realizan por motivos estrictamente estilísticos y, en definitiva, subjetivos (sólo hay que recordar cuánta atención prestaron los grandes autores a la puntuación en la redacción de sus textos y en sus reflexiones teóricas). Se puede señalar una serie de normas y convenciones a las que atenerse para garantizar la buena lectura del texto.

El punto

El punto o el punto y aparte marcan la pausa más grande. Sirven para cerrar una frase o separar un pensamiento con significado propio, en casi todos los casos dependiente de un verbo principal. El lenguaje funcional se decanta por las frases breves más que por las largas y complejas, a menudo divisibles en dos con la ventaja que eso supone para una comprensión fácil y rápida del mensaje.

> Excepto los organismos públicos, instituidos directamente por el Estado o para la consecución de intereses de carácter general, todos los demás organismos surgen de la iniciativa privada y se distinguen principalmente por el objetivo que les motivó a surgir: afán de lucro, perseguido a través del desarrollo de actividades económicas, o idealista, dirigido hacia diversos ámbitos (cultural, religioso, deportivo, asistencial, sindical, político).

Dividido en dos partes, este párrafo sería más ligero y se leería con más facilidad.

> El Estado organiza directamente entidades públicas o que persiguen intereses de carácter general; todos los demás organismos surgen de la iniciativa privada y se distinguen principalmente por el objetivo que les motivó a aparecer. Las entidades privadas pueden tener afán de lucro, perseguido a través del desarrollo de actividades económicas, o un objetivo idealista, dirigido hacia diversos ámbitos (cultural, religioso, deportivo, asistencial, sindical, político).

El punto sirve también para indicar que una palabra está abreviada: es el caso de «etc.» (etcétera).

La coma

La coma señala una pausa más breve. Dentro de una frase puede separar una palabra de la otra o bien, en un periodo, una proposición de otra. De todos los signos de puntuación, la coma es el más ligero, pero también el más expresivo. Se puede proponer una clasificación de casos en los que su empleo está sujeto a normas precisas.

— Cuando separa una serie de elementos en una sucesión o enumeración:

> Se trata de un texto fundamental para comprender los modernos sistemas de producción, la evolución de los modelos de referencia, los parámetros principales de gestión y la importancia del factor «recursos humanos».

— Cuando separa o encierra una aclaración o un inciso (en este caso con valor similar al del paréntesis):

> Elemento fundamental de la vida en el planeta, el oxígeno es el más abundante y difundido en la naturaleza.
> Los demás componentes, a diferencia de los analizados hasta ahora, son fáciles de encontrar.

— Cuando la subordinada precede a la principal:

> Aunque había estudiado, no aprobó.
> Antes de triunfar plenamente como narrador, trabajó como arqueólogo.

La coma *no* debe usarse nunca entre el sujeto y el verbo o entre el verbo y el complemento cuando están uno al lado del otro:
Incorrecto:

> El primer estadio de un proceso muy lejos de haber concluido, se puede encontrar en los principios afirmados por la escuela positivista.

Correcto:

> El primer estadio de un proceso muy lejos de haber concluido se puede encontrar en los principios afirmados por la escuela positivista.

Incorrecto:

> Por lo tanto solicito, la autorización para consultar toda la documentación.

Correcto:

> Por lo tanto, solicito la autorización para consultar toda la documentación.

Es mejor *no* usar coma:

— entre dos frases o elementos unidos por las conjunciones «ni» y «o»:

> No he escuchado todavía ni a uno ni a otro.

El punto y coma

El punto y coma marca una pausa que se encuentra entre la coma y el punto. Se utiliza para separar dos unidades sintácticas completas sin efectuar un corte total o para separar los elementos sucesivos de un mismo concepto:

> Paseó la mirada perdida alrededor de la habitación... y no vio a nadie; miró bajo el banco y no había nadie; miró dentro de un armario cerrado y no había nadie; ... (Collodi).

El punto y coma se puede utilizar para aligerar un párrafo más bien largo sustituyendo locuciones como «por lo tanto», «así es como», «y así».

> Desde hace algún tiempo estamos asistiendo a la afirmación progresiva de la figura profesional del *city manager* para dirigir entidades locales de dimensiones grandes y medias o consorcios de pequeños ayuntamientos, bajo el respeto a las reglas de la administración pública y a los principios de gestión de empresa y así alcanzar objetivos de efectividad, bajo el respeto a los vínculos de la entidad pública, ya no sería una utopía.

Se pueden obtener fácilmente unas mejores condiciones de lectura y equilibrio del texto:

> Desde hace algún tiempo estamos asistiendo a la afirmación progresiva de la figura profesional del *city manager* para dirigir entidades locales de dimensiones grandes y medias o consorcios de pequeños ayuntamientos, bajo el respeto a las reglas de la administración pública y a los principios de gestión de empresa; así, alcanzar objetivos de efectividad, bajo el respeto a los vínculos de la entidad pública, ya no sería una utopía.

El punto y coma separa también los diferentes puntos de una enumeración dispuesta en varias líneas y marcada con los pertinentes símbolos gráficos (véase págs. 71-72).

Los dos puntos

Los dos puntos señalan una pausa especial que anuncia un ejemplo, una cita, una enumeración o una explicación de lo que aparecía en la frase anterior.

No se deben utilizar los dos puntos más de una vez por oración, puesto que resultaría confuso.

> La nueva mentalidad del comunicador debe inspirarse en el famoso dicho inglés: «Si el alumno no ha aprendido, el maestro no ha enseñado».
>
> Asumamos nuestra parte de culpa en la incomprensión de los demás y pongámonos manos a la obra para hacernos entender.

Los signos de exclamación, interrogación y los puntos suspensivos

Los signos de exclamación e interrogación encierran, respectivamente, una frase que expresa énfasis y una pregunta. Reflejan la expresividad del lenguaje hablado, pero es conveniente no utilizarlos al inicio de un trabajo porque imprimen al texto de un tono de oratoria que no está en consonancia con la linealidad de la prosa funcional.

Los puntos suspensivos señalan una interrupción de la frase, que una expresión está incompleta o que se va a hacer una breve pausa antes de la palabra final. Su uso está en función de múltiples cambios de tono: en los escritos profesionales es oportuno, por lo tanto, usarlos con mucha cautela porque el mensaje no debe quedar indefinido, con sobreentendidos o suscitar reticencias. Son siempre tres puntos que siguen inmediatamente a la palabra que los precede y quedan separados por un espacio de la que les sigue. Encerrados entre paréntesis o corchetes indican una interrupción dentro de una cita. La frase:

> Tomando como base los criterios establecidos por la comisión de estudio (…), fue posible tener listo un protocolo de intervención (…) para todos los casos considerados.

es la forma abreviada de:

> Tomando como base los criterios establecidos por la comisión de estudio a cargo de las instituciones que forman parte de ella (Ministerio, instituciones públicas de investigación, fundaciones privadas) fue posible tener listo un protocolo de intervención, con las oportunas variantes, para todos los casos considerados.

El guión y la raya

El guión (-) se utiliza como elemento de unión de dos términos: «la cumbre Clinton-Blair», «la ruta Génova-Nueva York». Además se puede utilizar para fundir dos términos en uno solo («ámbito histórico-social»). No obstante no se debe emplear un guión cuando juntos supongan una nueva entidad («sociopolítico»).

La raya o guión largo (—), aísla a una frase para realizar un inciso, al igual que las comas, y sugiere la posible entonación. Cuando encierra aclaraciones o incisos se coloca siempre una raya de apertura antes del inciso y otra de cierre al final.

Le rogamos que responda —en los límites de lo posible— todas las preguntas de este cuestionario.

El paréntesis

Los paréntesis encierran un inciso que surge del auténtico contenido del texto; es casi una advertencia, una llamada de atención o una precisión que, si se colocase entre comas, interrumpiría la marcha lógica del párrafo. Su uso, por tanto, debe limitarse a casos de verdadera necesidad para facilitar información adicional (ejemplos, referencias, aclaraciones breves, citas de fuentes bibliográficas).

Veamos algunos ejemplos del uso adecuado de los paréntesis:

— para interrumpir el sentido del discurso con un inciso aclaratorio:

La junta (que duró dos horas) tuvo lugar en la sala de actos.

— para intercalar algún dato o precisar algún elemento:

Los asistentes a la reunión se hospedaron en Figueras (Gerona).

— al elaborar una clarificación o enumeración, las letras minúsculas que encabezan los apartados pueden aparecer seguidas del paréntesis de cierre.

USO GRÁFICO DE LA PUNTUACIÓN

Generalmente cada signo de puntuación:
— se coloca inmediatamente después de la última letra de la palabra que lo precede sin espacios, como el punto y coma del final de esta oración;
— va seguido de un espacio para separarlo de la palabra siguiente.

El signo de puntuación se coloca inmediatamente después del paréntesis y las comillas.

Casos especiales:

— guión: generalmente no hay ningún espacio antes ni después;
— raya: se deja antes y después un espacio;
— barra: generalmente no tiene espacio antes ni después;
— paréntesis de apertura: nunca va precedido de un signo de puntuación. Este se coloca inmediatamente después del paréntesis de cierre.

Clases de documentos

El trabajo exige la creación diaria de documentos escritos, clasificables dentro de alguna de las categorías típicas aunque exista una infinita variedad de clases, objetivos, contextos y destinatarios que pueden atribuirse a cada texto.

Para afrontar con éxito esta tarea es necesario poseer conocimientos sobre la materia que se va a abordar (derecho tributario, electrónica, marketing, etc.) y el asunto, el tema específico que se va a tratar (una aclaración sobre una norma fiscal, un tipo especial de conductor eléctrico, los resultados de un estudio de mercado, etc.). Es oportuno repetir que un documento empresarial tiene un carácter esencialmente práctico y objetivo.

Nunca debe confundirse con otras formas de comunicación especializada como un artículo de prensa o un folleto de presentación de un nuevo producto cuyo lanzamiento al mercado se proyecta.

Usando el léxico empresarial, el tema que se va a tratar se afronta según los «términos de referencia» o las «especificaciones» establecidas: la persona encargada de escribir debe disponer entonces de instrucciones precisas respecto a:

— la definición del tema que se va a afrontar (contenido, extensión, nivel de profundidad);
— las exigencias específicas informativas y analíticas que debe satisfacer el escrito (a menudo muy sutiles).

Un manual de empresa o un protocolo de intervención se conciben para un amplio grupo de usuarios y deben responder a cualquier caso futuro: su tema, por consiguiente, es más amplio que el de un prospecto informativo de venta de cualquier producto o una relación semanal de actividades realizadas por la empresa.

El elemento que cambia en cada tipo de documento empresarial es la estructura material del escrito: agrupado en párrafos o con forma de larga exposición distribuida en secciones; un único asunto tratado al comienzo y títulos o subtítulos que reflejan la organización y la profundidad lógica de la materia.

En cambio, los componentes básicos de los documentos, de cualquier tipo de documento, permanecen fijos y son los que se han analizado para obtener un mensaje eficaz y estructurar con lógica el flujo de la exposición:

— introducción con un elemento guía incisivo y sintético que anuncie la esencia del contenido y el objetivo al que responde;
— presentación de los datos disponibles y del contexto de operación;
— tratamiento del argumento;
— conclusión (con propuestas, disposiciones, aperturas al futuro)[5].

Los documentos se diferencian según dos criterios:

— destino: puede tratarse de comunicación de *uso interno* (resumen, memorándum) o destinados *al exterior* (correspondencia, propuestas...);
— contenidos: una nota o un resumen son documentos *descriptivos* porque no proporcionan conocimientos nuevos sobre un tema sino que reelaboran los contenidos de otros materiales (dossieres y actas de reuniones) que ya han analizado y estructurado el tema que se va a tratar. Los informes y las relaciones son, por el contrario, documentos *creativos* cuyo contenido es original y producto de la experiencia, la reflexión y la investigación sobre un tema específico a través de la interpretación personal.

La nota

Se trata de un documento que expone de forma concisa pero exhaustiva el contenido de comunicaciones más amplias y complejas (informes, discursos, deliberaciones de asambleas, etc.), mostrando los elementos que se consideren esenciales para la comprensión y el uso práctico. Se usa habitualmente en el ámbito de la empresa y en los estudios profesionales. Lamentablemente, las capacidades de análisis y síntesis, a pesar de su importancia, se quedan a menudo cortas en la preparación profesional si las comparamos con la tradición angloamericana y francesa.

---

5. Véanse también los esquemas generales de presentación de un texto propuestos en el capítulo «La técnica para conseguir una comunicación eficaz» y las formas de valorarlo y organizarlo presentadas en el capítulo «De la concepción del texto al trabajo de edición».

La nota satisface algunos aspectos esenciales:

— **Fidelidad con respecto al texto original.** Gracias al resumen, el destinatario adquiere conocimientos sobre una amplia materia sin tener que leerla por completo. Su interés está centrado sólo en los contenidos, no en las opiniones de quien lo ha escrito ni en posibles elaboraciones o contribuciones al texto original.

— **Concisión y totalidad de la exposición.** El resumen debe reflejar de manera clara los problemas afrontados y todos los puntos esenciales del contenido original. Para alcanzar este objetivo es necesario haber asimilado bien el tema y valorado la relevancia que se debe dar a cada argumento.

— **Posibilidad de lectura inmediata.** Un estilo simple y sobrio, una exposición lógica y la presentación de los conceptos esenciales se traducen en un ahorro apreciable de tiempo para el lector.

Resumir consiste esencialmente en reconocer la información indispensable del texto de partida, separándola de la accesoria. Es evidente que no todos los textos se pueden resumir: los artículos de una ley o las fases de una secuencia de instrucciones no pueden reducirse sin perder información sustancial. El enfoque de los contenidos esenciales facilita la posible presencia en el texto de partida de títulos de secciones y párrafos. También los cambios de línea y los nexos entre los párrafos ayudan a distinguir bloques lógicos. La lectura y la valoración de los elementos estructurales del texto permiten distinguir los datos principales de los accesorios.

La selección de los datos y la extensión del resumen se establecen en función del uso que se quiera hacer de él:

— un resumen **genérico**, de información general, se distribuye en párrafos que reflejan lo esencial de cada párrafo del original según la misma secuencia. De ser necesario, los títulos del resumen reproducen el orden original señalando así los diferentes conceptos;

— un resumen **concreto**, por el contrario, analiza y selecciona el contenido original en función de los objetivos del destinatario y orienta la síntesis hacia los aspectos que le interesan.

Una nota es un texto elaborado, sintético, pero claro y preciso. No puede reducirse a una ficha, una tabla o un mensaje telegráfico. La habilidad del redactor debe quedar clara desde el mismo momento en el que concibe el esquema sobre el que redacta la síntesis. Se divide en tres partes:

— una introducción muy breve para presentar el tema al lector;
— el cuerpo del texto, que consta en ocasiones de varias partes, en riguroso orden lógico. Los conceptos esenciales del original deben mostrarse mediante palabras clave;
— la conclusión o recapitulación de las ideas principales con la introducción de nuevos proyectos o el balance de todo lo dicho.

La redacción de la nota sintética debe ser:

— sobria, evitando expresiones hechas, oficiales o burocráticas;
— fiel, ya que debe limitarse a los contenidos del original;
— de una lógica rigurosa.

La presentación formal de la nota sintética es muy simple. Al tratarse de un documento interno basta con dotar al texto de los datos del destinatario («A la atención de…»), el asunto, la fecha, el nombre y la firma de quien lo haya escrito.

Cuando se trata del resumen de un documento muy amplio es oportuno utilizar títulos y subtítulos que indiquen al lector los temas que encontrará expuestos, además de una presentación clara que permita distinguir tipográficamente los diferentes conceptos.

Para resumir un texto es necesario reconocer los elementos esenciales y los nexos lógicos o, lo que es lo mismo, recurrir al esquema. Encuentre los puntos importantes del siguiente texto y realice tres resúmenes de unas doce, nueve y seis líneas respectivamente.

El currículum profesional

A nadie se le escapa que la experiencia profesional refleja con exactitud al candidato y determina, en gran medida, su conveniencia o no para un nuevo puesto de trabajo. Los datos deben formularse de manera sintética y clara, precisa y exhaustiva ya que pueden ser fácilmente objeto de verificaciones y controles. Por tanto, no es aconsejable ocultar experiencias no demasiado positivas ni problemas profesionales a menos que cubran periodos de tiempo muy breves (unas semanas o pocos meses como máximo). Además de las omisiones deliberadas, siempre existe la posibilidad de equivocarse, de no recordar bien una fecha o un nombre. La falta de atención es completamente desaconsejable. Y no porque la empresa pretenda la perfección absoluta sino porque el currículum es un documento realizado con cuidado y reserva, y no debe sugerir de ningún modo la idea de haberse escrito con prisas, superficialidad o distracción. Comprobar todos los datos expuestos se convierte en un deber y una muestra de orden, atención, ganas de dar una buena impresión y, en una palabra, de auténtica profesionalidad.

La parte del currículum relativa a la experiencia profesional debe ilustrar las sucesivos puestos de trabajo ocupados de manera que facilite una clara dimensión de la competencia y capacidad profesional alcanzadas. No tenga reparos en declarar experiencias iniciales incluso de índole no cualificada porque demuestran iniciativa y voluntad de superación profesional y deseo de mejorar. En el caso de que estas experiencias queden muy lejos en el tiempo y no tengan nada que ver con su actual nivel, puede dejar de indicarlas y empezar por el primer trabajo verdaderamente significativo con respecto a la situación actual. Los datos profesionales que el seleccionador desea conocer son: las fechas de inicio y final de la relación laboral; las empresas en las que se ha trabajado; los lugares de trabajo; los puestos de trabajo cubiertos; las responsabilidades ejercidas; las organizaciones de las que formaba parte.

Resumen 1

El currículum debe mostrar con precisión al candidato e indicar su conveniencia para un nuevo puesto de trabajo. Los datos deben formularse de manera sintética, precisa y exhaustiva. Las imprecisiones no son señal de profesionalidad. El currículum profesional ilustra los sucesivos puestos de trabajo ocupados, indicando la capacidad y competencia alcanzadas. Las experiencias iniciales no cualificadas pueden citarse si no están muy lejos en el tiempo y son muy diferentes del puesto cubierto actualmente. De no ser así, se indica el primer trabajo significativo. Los datos esenciales que se deben facilitar son: las fechas de inicio y final de la relación laboral; las empresas en las que se ha trabajado; los lugares de trabajo; los puestos de trabajo cubiertos; las responsabilidades ejercidas; las organizaciones de las que se formaba parte.

Resumen 2

El currículum presenta al candidato de manera clara, concisa y exhaustiva. Deben quedar claros los sucesivos puestos de trabajo ocupados y la competencia adquirida. Los posibles trabajos no cualificados ejercidos al inicio deben citarse sólo si no quedan muy lejos en el tiempo y tienen que ver con la trayectoria posterior. De lo contrario, se parte del primer trabajo significativo. Los datos esenciales que se deben facilitar son: las fechas de inicio y final de la relación laboral; las empresas en las que se ha trabajado; los lugares de trabajo; los puestos de trabajo cubiertos; las responsabilidades ejercidas; las organizaciones de las que se formaba parte.

Resumen 3

El currículum presenta al candidato de manera concisa, clara y exhaustiva. La competencia adquirida queda clara gracias a los puestos de trabajo desempeñados. Los datos esenciales son: las fechas de inicio y final de la relación laboral; las empresas en las que se ha trabajado; los lugares de trabajo; los puestos de trabajo cubiertos; las responsabilidades ejercidas; las organizaciones de las que se ha formado parte.

El acta

Se trata de un informe más o menos particularizado de un acontecimiento (reunión, conferencia, lección) destinado a un superior o un interlocutor. Siempre debe contener: el orden del día; nombres y cargos de los participantes; lugar, fecha y motivo de la reunión; nombre del autor.

Existen actas *completas* taquigrafiadas, como las parlamentarias; pero la transcripción de una grabación o la redacción de notas taquigrafiadas requieren mucho tiempo y generan documentos muy voluminosos, a menudo desproporcionados y de difícil uso a la hora de trabajar con ellos.

Cuando el objetivo inmediato es conocer los términos de discusión de un problema y las conclusiones operativas alcanzadas, se solicitan actas *sintéticas,* más eficaces porque son ágiles y fieles como un resumen de la materia tratada. En este caso el documento final debe contener:

— los conceptos esenciales elaborados en el curso de la reunión;
— los puntos de convergencia y divergencia entre las partes;
— cada elemento útil que aparezca: menciones prácticas de los temas tratados, consejos preventivos, etc.

¿Qué y cómo se debe anotar en un acta sintética?

El esquema de la síntesis final debe basarse en el orden del día para que quede claro y bien definido. En cada punto previsto se muestra el concepto principal según una sencilla progresión: problema y situación de hecho; soluciones posibles; decisión tomada. De una contratación es útil referir las posiciones de las partes y, por supuesto, la conclusión alcanzada. Algunas menciones breves y directas (con nombre propio) dan vida al acta y son, en ocasiones, muy útiles.

Cuando el orden del día es, por el contrario, genérico, y el debate se desarrolla libremente sobre diferentes puntos de estudio o reflexión, la secuencia cronológica y lógica de los conceptos expuestos puede no ser homogénea y lineal y, por lo tanto, imposible de reproducir en un acta eficaz.

En este caso la reunión se resume reelaborando las notas tomadas con un esquema gráfico flexible y abierto, en el que se pueden introducir nuevos conceptos a medida que se propongan. La redacción final evidenciará y ordenará lógicamente los diferentes puntos de vista y los argumentos desarrollados.

Puede suceder que se solicite expresar el propio parecer sobre lo que se ha escuchado y sobre la dinámica de la reunión. En este caso las opiniones personales deben quedar separadas del acta, incluidas en una sección final titulada, por ejemplo, «Observaciones».

La presentación

Se trata de una síntesis que condensa y reproduce en un espacio muy reducido los puntos clave de un documento largo, en especial, artículos y estudios de contenido técnico y científico, actas oficiales. Es más breve que un resumen y no se redacta de manera telegráfica como un sumario.

La presentación se escribe para permitir que el lector decida si lee el documento original en su versión completa. Puede redactarse y publicarse junto al documento al que hace mención o por separado.

En este segundo caso se debe incluir la bibliografía y los datos especializados en papel, CD Rom o en la red para ofrecer a los investigadores una panorámica completa de la documentación disponible sobre un determinado tema y permitir una consulta rápida.

A la hora de redactar una presentación hay que tener en cuenta las exigencias informativas del futuro lector (que podría limitarse a leer la versión sintética del documento) y de quien lo archive, porque clasificará los documentos originales dependiendo de su resumen. Por esa razón debe facilitar palabras clave que engloben con precisión los conceptos del texto original y permitan el estudio informatizado o manual del tema. Una presentación no puede contener información que no aparezca en el original.

El memorándum

De los estudios en materia de comunicación empresarial se deduce que el memorándum o promemoria se halla entre las formas de documento utilizadas con mayor frecuencia.

Se trata de un texto breve (habitualmente de sólo una o dos páginas) que actualiza o examina el desarrollo y los resultados de una actividad o un proyecto en curso.

El memorándum refleja de manera clara y completa todos los datos necesarios, enmarcados brevemente en su contexto de referencia. Se solicita cuando se preparan entrevistas, a la hora de tomar una decisión para tener una posición documentada de la actividad. En las grandes organizaciones asume una doble función: informar y, si es necesario, ser distribuido a los demás o utilizado una vez como base para las relaciones de alta dirección.

Muchas decisiones profesionales se presentan normalmente en forma de memorándum.

Un posible esquema básico de memorándum se divide en tres puntos:

— definición sintética del asunto relacionado con la práctica o la actividad en curso;
— análisis de la información facilitada;
— conclusiones (resultados obtenidos, valoraciones personales...).

A continuación presentamos un ejemplo de memorándum profesional.

Asunto: siniestro 95/3455 del... Causa llevada por el Tribunal de Zaragoza

La causa civil indicada en el asunto se asignó al juez... y se convocará en primera audiencia en fecha..., a la hora...
El letrado... adopta el siguiente criterio de liquidación de los daños, permanentes y temporales, ocasionados al demandante: el triple de la pensión por invalidez... con los posibles ajustes al alza (hasta el 50 %) en el caso de invalidez grave y con reducciones (hasta el mismo porcentaje) en el caso de invalidez mínima.
Aplicando este criterio expresado por el letrado..., la indemnización quedaría de este modo:
— invalidez temporal total:
  21,18 euros x 10 días   211,80 euros
— invalidez temporal parcial:
  10, 59 euros x 20 días   211,82
— invalidez permanente: 3 %   4.250
— daños psíquicos: 750
                    Total 5.423,62
Los gastos médicos justificados y producidos por el demandado ascienden a unos 750 euros pero algunas facturas se han presentado por duplicado.
Según nuestra valoración médico-legal no todos los gastos son justificables.
Por lo tanto creemos conveniente:
— presentarse en primera instancia, depositando preventivamente la suma de 5.423,62 euros redondeada a 5.500 para cubrir los gastos médicos;
— ofrecer una bolsa abierta de pago de los gastos legales, todavía no cuantificados en su totalidad.
Adjuntamos, para su conocimiento, copia del informe médico de la otra parte, firmado por el doctor...

La propuesta

Se trata de un documento argumentativo, escrito para que los demás consideren y decidan sobre un proyecto, un plan de trabajo o la solución a un problema empresarial. Puede tratarse de una propuesta dentro de la organización (y en este caso se asimila a un memorándum) o bien estar dirigida a interlocutores externos, tomando la forma de una carta.

Independientemente de las relaciones entre el autor y sus referentes, la propuesta debe estructurar su propia estrategia argumentativa.

El punto fundamental del texto, es decir, la iniciativa propuesta, debe presentarse enseguida y en estrecha conexión con el problema que quiere resolver. Hecho esto, se puede enmarcar la propuesta dentro de problemáticas más amplias o posibles precedentes.

Una vez que se haya demostrado lo oportuno de la propuesta, el impedimento más grave al que se debe enfrentar es generalmente el financiero. Por consiguiente, es necesario prevenir tal objeción justificando el gasto con una exposición detallada de su origen y trazando un balance costes/beneficios favorable.

Veamos un ejemplo: propuesta de asesoramiento a un ayuntamiento, potencial cliente de una gestoría.

Asunto: Asesoramiento en materia fiscal

Desde hace ya algunos años la gestoría... presta servicios de asesoramiento a las entidades locales, en particular a los ayuntamientos, y viene observando continuamente considerables incumplimientos en el sector fiscal, específicamente los relativos al impuesto sobre el valor añadido. Las graves sanciones previstas por omisiones o simples incumplimientos formales en campo tributario no permiten tolerar errores.

Servicios ofrecidos
Las áreas típicas objeto de intervención son:

1. Servicios comerciales del ayuntamiento
— identificación de los servicios comerciales desarrollados por el ayuntamiento, a través del examen de los capitales de balance relativos a las entradas y la valoración de los procedimientos en vigor;
— análisis de la naturaleza de cada servicio comercial y de los procedimientos en los que esté embarcado en ese momento el ayuntamiento, realizado conjuntamente con el responsable del propio servicio;
— informe por escrito de la valoración sobre el correcto tratamiento fiscal de cada servicio y los procedimientos que se deben seguir;
— posibilidad de adiestramiento o formación del personal implicado.

2. Contabilidad y declaración del IVA
El estudio proporciona el asesoramiento necesario para presentar la declaración del IVA o, si se solicita, puede ocuparse también de la contabilidad relacionada con este impuesto.

---

3. Formación

Gracias a nuestra larga trayectoria en el sector, nuestro personal, que cuenta con experiencia en la materia, está en condiciones de ejecutar correctamente todos los cumplimientos requeridos. En caso de sustituciones o de falta de personal técnicamente preparado, el estudio está capacitado para encargarse de la formación de los empleados y así cubrir el servicio.

4. Asesoramientos específicos y consultas en general

El estudio proporciona asesoramientos sobre cuestiones específicas en materia tributaria, especialmente respecto a las actividades sujetas a impuesto como:
— adjudicaciones o suministros de varios tipos (sección de contratos);
— actividades inmobiliarias (sección técnica).
Proporciona además asesoramiento constante con envío de circulares para mantener al día a sus clientes sobre las novedades fiscales.

Costes

Los costes del servicio ofrecido dependen del número de actividades gestionadas por el ayuntamiento y, naturalmente, del tipo de asesoramiento solicitado.

El informe

El informe es un documento extenso y estructurado, frecuentemente de carácter oficial. Puede tratarse, en efecto, de una comunicación impuesta por ley o dirigida a los órganos superiores por motivos de práctica administrativa o empresarial.

Un informe de carácter *informativo* sirve para explicar y actualizar o para dejar constancia de algo; es una relación de acontecimientos, actividades, encargos realizados, estados o problemáticas particulares. Podría decirse que es una versión más amplia de un memorándum, con análogos requisitos de estructura y calidad expositiva.

Si está destinado a los cargos directivos, el informe tiene a menudo carácter no sólo de constatación, sino también *consultivo,* es decir, no se limita a referir la realidad, sino que analiza y valora sus componentes, a la espera de una decisión final que propicie niveles de eficiencia y productividad elevados. En este caso, detrás de un informe válido hay una extensa búsqueda documental sobre el tema que se va a tratar (relaciones, balances, estadísticas, estudios y cualquier otra forma de material disponible dentro o fuera de la organización). Los datos recopilados, oportunamente seleccionados y catalogados, se vuelven a elaborar con el fin de:

— definir el problema analizado y los factores que están relacionados con él;
— identificar las cuestiones prioritarias que hay que afrontar, las condiciones y los instrumentos necesarios para intervenir;
— avanzar y presentar soluciones o desarrollos viables.

La estructura del informe debe ser lógica y coherente.

— **Introducción:** exposición sintética y exhaustiva del asunto (un problema que resolver, una situación presente, una orientación del mercado), del contexto de referencia y de los criterios de orientación seguidos durante el trabajo (financieros, técnicos, jurídicos, etc.).
— **Desarrollo del texto:** definición de los objetivos que se pretende alcanzar, elección motivada de una estrategia de conducta según el diagnóstico del problema y análisis de las causas y las consecuencias.
— **Conclusión:** presentación de los resultados previstos y de las ventajas que comporta la solución elegida (en el plano económico, humano...).

El documento final está dividido en secciones con títulos y subtítulos que contienen las palabras clave de los argumentos tratados.
A diferencia del memorándum, el informe puede llevar adjunta la documentación informativa analizada o proporcionar su relación.

Informe sobre la actividad del Centro de Iniciativa Local para el Empleo del Ayuntamiento de ... (10/11/1997 - 31/12/1998)

El Centro de Iniciativa Local para el Empleo (CILE) ofrece sus servicios a las personas en busca de trabajo con el objetivo de favorecer su integración social, realizando, principalmente, actividades de tipo informativo, consultivo y de orientación en contacto directo con el público. Este centro, instituido por decisión n.°... de la Junta Municipal con fecha del 9 de noviembre de 1997, ha garantizado hasta ahora 1.320 horas de acogida, además del tiempo dedicado a las actividades burocráticas; los asesores han llevado a cabo unas 2.550 horas de asesoría a los ciudadanos. Cada candidato realiza una o más entrevistas dirigidas y los currículum van a parar a un banco de datos protegido por normas de confidencialidad y conectado en red a otros análogos, públicos y privados.
El servicio proporciona información y asesoramiento respecto a oposiciones, becas, subsidios; orientaciones del mercado de trabajo; cursos de formación y cualificación profesional; oportunidades de trabajo en el extranjero; contribuciones y financiaciones facilitadas para apoyar las iniciativas empresariales; actividades en el sector del voluntariado.

Afluencia. El CILE ha acogido a 542 personas en busca de trabajo, de las cuales casi el 60 % eran mujeres. Aproximadamente el 85 % de los entrevistados eran desempleados mientras que el porcentaje restante incluye a personas con un empleo pero que aspiran a mejorar su posición, a trabajadores temporales y a los que se encuentran dentro del «mercado negro». Los ciudadanos extranjeros alcanzan el 65 %, y el 9 % está constituido por desempleados pertenecientes a categorías especiales y protegidas.

La distribución de los entrevistados según su titulación académica es la siguiente:

estudios primarios	5,3 %
estudios secundarios	18,2 %
formación profesional	12,5 %
diplomaturas	42,5 %
licenciaturas	21,5 %

Información y ofertas. La comprobación de las solicitudes recogidas y de las ofertas del mercado ha conducido a 105 contactos con empresas o empresarios con un total de 315 personas. Entre estas, 75 candidatos han llegado a una entrevista de selección y 19 han conseguido el contrato. El CILE ha informado de otras 142 oportunidades de trabajo procedentes de datos de la Oficina de empleo, anuncios públicos y solicitudes privadas. De estas, 26 dieron lugar a una entrevista de selección.

Colaboraciones y contactos. El CILE ha sentado las bases para mantener colaboraciones duraderas con las empresas de la zona, asociaciones importantes y agencias de colocación. En particular, el convenio con la Asociación de Pequeñas y Medianas Empresas de... ha permitido la inserción de otros 31 candidatos, en posesión de titulación cualificada, en la selección para periodos de prácticas y puestos de trabajo organizada por la propia asociación.

El comunicado

El comunicado es un documento que trata de forma homogénea una materia amplia y compleja o que presenta la síntesis de una serie de informes para después sacar conclusiones. Es un documento razonado, estructurado analíticamente, a menudo muy extenso (incluso un centenar de páginas). El comunicado anual del Banco de España o los comunicados anuales para los accionistas de una sociedad son algunos ejemplos.

Comunicado e informe no son, entonces, dos redacciones equivalentes aunque los dos términos sean, a menudo en el lenguaje común, sinónimos. El comunicado, de hecho, se coloca a un nivel superior de conocimiento y elaboración de datos, el del equipo directivo, lugar de valoración de los problemas más importantes.

El plan de empresa o *business plan*

Para establecer una nueva actividad, desarrollar un nuevo producto u ofrecer un nuevo servicio es necesario elaborar un plan preciso de proyectos que otorgue a la idea general de partida la definición operativa de una empresa, estableciendo las formas y los contenidos de la iniciativa y las estrategias para programar la acción. Un *business plan* cuidado se necesita asimismo para obtener subvenciones y financiaciones a varias partidas para actividades ya en curso o para su puesta en marcha. El plan de empresa es un documento esencial para aclarar a uno mismo y a los posibles compañeros (en primer lugar socios y financiadores externos) las características y la validez de la iniciativa propuesta, definiendo los objetivos prefijados y las estrategias para realizarlos.

Se trata de un documento complejo y estructurado, constituido por:

— partes de texto redactadas en modo conciso pero exhaustivo, organizadas según un orden y una estructura bien precisos;
— documentación adjunta, tablas de datos, esquemas y cualquier otro tipo de material para apoyar todo lo declarado en el plan;
— listado de los documentos adjuntos.

Las grandes organizaciones disponen de normas precisas para la descripción del plan general y para la redacción de cada una de las partes; del mismo modo, las instituciones a las que se recurre para apoyar económicamente la iniciativa ofrecen unos impresos específicos que rellenar. En cualquier caso el plan para una nueva iniciativa se estructura en:

1. **contenido de la propuesta:** presentación clara del producto, de la actividad o del servicio proyectado; definición de los objetivos específicos y de los resultados previstos;
2. **plan de marketing:** examen atento del mercado de referencia y de los usuarios finales; modalidades de lanzamiento y promoción; posibilidades de desarrollo de la empresa;

3. **recursos necesarios:** definición de los recursos humanos y materiales a los que recurrir:
— qué profesionales están implicados; el número de técnicos necesarios; las horas de trabajo previstas;
— qué tecnología se necesita para realizar o desarrollar el producto o servicio, con qué se cuenta actualmente y cuál debe ser adquirida o realizada expresamente (por ejemplo, un *software* específico);
4. **informaciones financieras:** cálculo de los costes necesarios para realizar todo el plan, incluidos los costes de gestión; previsión de la fecha de balance, precisando cómo se calcularán las estimaciones de las entradas; indicación de las fuentes de financiación del plan;
5. **organización del plan:** calendario de las actividades que hay que realizar desde la fase de proyecto a la realización práctica; determinación de tareas y competencias de los posibles compañeros; definición de las modalidades de gestión, de verificación de la progresión del plan y de los procesos de control y garantía de la calidad;
6. **estructura de la empresa:** cuidada descripción de la estructura jurídica y organizativa de quien propone la iniciativa; de esta debe surgir la capacidad de gestionar todo el proyecto y de mantener la confianza en las expectativas de los potenciales financiadores.

Veamos un ejemplo de un plan de empresa para la realización de un nuevo producto.

---

1. Presentación general del plan

Entre las intervenciones en el sector *edutainment* (educación y entretenimiento) para el próximo año, la Datafax Spa propone la realización de una enciclopedia multimedia sobre el patrimonio ambiental y la fauna de Europa, con contenidos didácticos y lúdicos.

La colección debe tener un planteamiento inédito, que eleve cualitativamente la actual oferta del mercado, manteniendo como elementos indispensables la facilidad de empleo, la riqueza de posibilidades de interacción a un coste moderado para el comprador. La obra está constituida por una serie de CD Roms de aparición periódica. Cada uno ofrece un hipertexto en varias lenguas (inglés, francés, alemán, italiano, español) y está dedicado a una especie animal presente en Europa (o a grupos de especies afines). La materia se propone en diversos niveles de contenido: un profundo tratamiento etológico, la descripción de la naturaleza y la geografía de los hábitats, el papel de la especie animal considerada dentro del patrimonio cultural. (Representaciones artísticas y literarias, mitología, proverbios y frases hechas, símbolos heráldicos, cuentos, etc.).

Especialistas en las diferentes materias implicadas elaborarán textos inéditos a partir de material científico ya disponible; los vídeos y las imágenes se realizarán expresamente para la publicación. La empresa se reservará los derechos de autor en cada monografía o, si es el caso, estipulará un contrato con los titulares según la normativa vigente.

El modelo Inf1 presenta en detalle las fases del proyecto y su aplicación con las condiciones previas necesarias para poner en marcha cada fase y su respectivo calendario.

2. El mercado y los usuarios

La franja de mercado a la que el producto va dirigido es muy amplia: jóvenes en edad escolar, docentes de escuelas de todo tipo y grado y, en general, un heterogéneo público adulto que se acerca a la etología movido por un interés y una curiosidad personales y que se aprecia en incremento constante debido al progresivo aumento de la sensibilidad hacia los temas ambientales y de la naturaleza. Los jóvenes y los neófitos se sentirán atraídos por la presentación atractiva de los datos; los educadores y los apasionados en el tema apreciarán la calidad de los contenidos que abarcan una rica gama de disciplinas, unidas de una forma nunca vista.

Las ventajas del producto propuesto respecto a las actuales ofertas del mercado son: amplitud y profundidad de contenidos, carácter multidisciplinar, velocidad y facilidad de uso, óptima relación calidad/precio. Comandos visuales fáciles de apreciar y versiones en distintas lenguas de los textos permiten un pleno aprovechamiento en el mercado europeo.

El lanzamiento del producto está previsto a través de los medios de comunicación apropiados, la prensa especializada (y la no especializada en menor medida), los puntos de venta tradicionales (tiendas de informática, de electrónica de consumo, de juguetes), la presencia en ferias del sector. La empresa dispone de una consolidada red de distribución en todos los canales elegidos. Podría alcanzarse un incremento posterior de la difusión de la obra gracias a la distribución en bibliotecas, instituciones públicas (delegaciones de educación, escuelas, museos de ciencias naturales, etc.), asociaciones para la salvaguarda del patrimonio natural.

El precio estimado de venta al público para cada monografía es de aproximadamente 25 euros: la relación entre calidad y cantidad de los contenidos y el precio justifica el coste de adquisición para el comprador.

Una investigación de mercado conveniente, con el PC como herramienta multimedia presente en los distintos mercados europeos, debe establecer:

— durante la fase de definición del plan, los argumentos que tratar y las características de la interfaz y el usuario del producto final;
— en la fase de aplicación, las medidas para el lanzamiento promocional y la comercialización del producto.

3. Recursos humanos y tecnológicos

Tres técnicos de la empresa están capacitados para llevar a cabo la parte tecnológica y la financiera. Para colaborar con la empresa se contará con varios profesionales contratados: un etólogo (con responsabilidad científica sobre el contenido) y dos investigadores, un profesional de la comunicación y divulgación científica para la supervisión de los materiales, y un psicólogo. Empresas especializadas asociadas o subcontratadas proporcionarán aportaciones posteriores. Para ver en detalle las condiciones previas necesarias para cada módulo de trabajo y para la relación horas/trabajo/profesional se remite respectivamente a las tablas Inf2 e Inf3.

Para desarrollar el producto está previsto el uso de *hardware* y programas de autor multiplataforma ya en poder de la empresa. El producto final será compatible con los sistemas Windows y Macintosh. Es objetivo prioritario proporcionar al usuario una interfaz de sencilla utilización, atractiva y que permita un total aprovechamiento, incluso para los no expertos, sin que ello limite las posibilidades de interacción. Para la definición de los módulos de trabajo para el estudio tecnológico en fase de proyecto y de aplicación con su respectivo calendario de fechas se remite al impreso Inf4.

4. Información financiera

En la fase de proyecto los capítulos de gasto considerados cubren todos los gastos empresariales y de gestión, los costes para la búsqueda de mercado, para la planificación y la realización de los contenidos, del programa que se debe aplicar y de la interfaz y el usuario, el coste del máster prototipo y del prototipo. La estimación de los costes globales es de 200.000 euros y se presenta en detalle en los impresos Inf5, donde se puede apreciar en su totalidad.

La colección que se pretende realizar, y que se encuentra en fase de aplicación, prevé la publicación de 24 números entre enero de 1998 y diciembre de 1999. Se estima que el coste global del estudio, su realización y gestión alcanzará los 125.000 euros por número (se remite a la tabla Inf6 para ver en detalle los gastos).

Calculando una colocación media en el mercado europeo de 10.000 piezas por número, al precio de venta al público de 25 euros, no se prevé la amortización hasta veinticuatro meses después de la fecha de inicio de la fase de aplicación. El plan responde plenamente a todos los requisitos previstos por el programa de la Unión Europea Info2000 y puede por lo tanto optar a una financiación a bajo interés por una cantidad no superior al 50 % de los costes (plazo para la presentación de la solicitud: 28 de septiembre próximo).

El primer año servirá para la afirmación del producto en los canales de distribución elegidos: los puntos de venta tradicionales en el mercado nacional y los grandes distribuidores en el mercado europeo. Gracias a la gran difusión de ordenadores multimedia en España y Europa y a la amplia franja de público identificada, por edad e interés, se considera asegurado un gran número de compradores. De ahí deriva una previsible valoración de las dimensiones de los costes publicitarios, que serán en el segundo año sólo de mantenimiento para toda la línea del producto.

5. Papel de los asociados

Empresa oferente: Datafax Spa (persona responsable del proyecto: A. B., jefe de los servicios de programación de sistemas y marketing). Se encarga de la gestión del proyecto, los estudios de mercado, la campaña promocional y la distribución del producto en España.
Asociados:
— Emotion Entertainment, S. A. (información jurídica; funcionario responsable del proyecto). Cuida y supervisa la realización de los contenidos multimedia (excluida la parte filmada) y del contenedor; se encargará de la gestión final del producto obtenido.
— Studio Service S. L. (informaciones jurídicas; funcionario responsable del proyecto). Realiza las partes filmadas.
La frecuencia en los contactos entre los asociados, a todos los niveles, será lo más veloz y completa posible, principalmente a través del correo electrónico y CD Rom. Todos los procesos operativos serán sometidos a control de calidad según los protocolos de la empresa oferente.

6. Estructura de la empresa oferente y de los asociados

Empresa oferente y coordinadora del proyecto: Datafax, sociedad por acciones de capital enteramente privado que opera en el sector editorial multimedia (anexo 1: copia del acta de constitución; anexo 2: copia del último balance aprobado). La estructura de la empresa comprende... empleados. La incidencia en porcentaje de los costes para cada función en el proyecto es la siguiente:
— dirección: ... %;
— departamento técnico: ... %;
— marketing: ... %;
—{   investigación y desarrollo: ... %.

La correspondencia

El contenido de una carta se redacta según los esquemas de progresión lógica de la escritura funcional ya analizados (un fax o un mensaje por correo electrónico responden al mismo principio, pero con un estilo menos formal y más inmediato).

— **Introducción.** Indica inmediatamente al lector el contexto de referencia; remite a una posible carta o conversación previa a la actual, el asunto o problema que hay que afrontar. Las referencias son explícitas y concretas, por medio de fechas, nombres y, en ocasiones, números de protocolo.
— **Cuerpo del texto.** Está estructurado en párrafos en un orden lógico. El estilo es claro, directo y detallado incluso para dirigirse a entidades y administraciones públicas. Sin embargo, escribir con propiedad los términos no implica, en efecto, la adopción irreflexiva de formularios burocráticos. La expresión *falta de acogida*, por ejemplo, no minimiza el significado de *rechazo*, es sólo un circunloquio.
— **Conclusión.** Cierra sintéticamente la argumentación desarrollada, presentando sus consecuencias, los requerimientos, los progresos esperados. Deja abierto el canal comunicativo mediante las expresiones de cortesía («Quedamos a su disposición para las aclaraciones que le sean necesarias...») y de saludo.

EL ESTILO: COMPROBAR LAS CONCORDANCIAS

Si el destinatario es una empresa, se usa «Ustedes»; si es una persona, «Usted». Al escribir en nombre de una empresa se utiliza «nosotros». Los verbos deben necesariamente concordar con los pronombres empleados:
— con «usted» se emplea la tercera persona del singular: «es necesario que envíe...»;
— con «ustedes» la tercera persona del plural: «es necesario que envíen...».
La correspondencia de carácter administrativo y comercial puede ser redactada en forma:
— personal, en tercera persona del singular («el abajo firmante/la sociedad... solicita...») o en primera persona del plural («solicitamos...»);
— impersonal, sobre todo en los documentos de índole burocrática («se solicita una prórroga de los plazos de entrega»).

En cualquier tipo de correspondencia (y de texto en general) la forma adoptada tiene que mantenerse, por supuesto, en todo el documento.

Veamos un ejemplo de una carta de presentación de un currículum vitae.

Nombre y apellidos
Dirección
Código postal de la ciudad

R&F, S. A.
C/ del Mirlo, 16
08121 Barcelona

Ginebra, a 21 enero de 2000

Asunto: Anuncio publicado en... el..., con referencia ...

Con referencia al anuncio indicado donde solicitan un responsable para el departamento de administración, les envío mi currículum vitae, ya que se trata de un puesto de trabajo en el que estoy particularmente interesado. Después de licenciarme en Ciencias Empresariales por la Universidad de Barcelona y de haber realizado un máster en Business Administration en la London School of Economics, trabajé para la empresa XY Consulting como supervisor contable desde 1993 hasta 1995. Posteriormente ingresé en la empresa YZ, en el departamento de contabilidad general, y desde 1997 soy responsable de este servicio. Entre mi experiencia se cuenta también una amplia práctica de transacciones y financiaciones en los mercados exteriores, sector para ustedes fundamental.

Tengo la intención de trasladarme a Barcelona para un congreso el próximo 14 de marzo y les agradecería mucho que pudieran fijar una entrevista en esa semana. Me pondré en contacto con ustedes por teléfono para comprobar si mi cualificación corresponde a las exigencias de su sociedad y, en caso positivo, para acordar la fecha de la entrevista. La R&F goza de gran prestigio y me sentiría honrado de poder trabajar para ustedes.

Agradeciéndoles anticipadamente su atención, quedo a la espera de una respuesta.

Atentamente

El currículum vitae

El currículum vitae es el trampolín de lanzamiento de cualquier carrera. Todo el mundo debe aprender a escribirlo para encontrar un empleo o para mejorar la propia situación profesional; todos deberían aprender también a leerlo entre líneas, como hacen los seleccionadores, porque es el

SU CURRÍCULUM ES REALMENTE MUY BUENO... LÁSTIMA QUE NO ACEPTEMOS LOS REDACTADOS POR LOS PADRES...

JEFE de Personal

primer e imprescindible elemento de valoración de un candidato. El currículum no es un documento redactado como un discurso. Los datos están divididos en bloques de interés y expuestos de manera sintética y exhaustiva, para facilitar su consulta y señalar al seleccionador los elementos más interesantes.

Los manuales sobre el currículum vitae son numerosos. Aquí nos interesa simplemente presentar el esquema lógico de este especial tipo de documento, en el que claridad, coherencia y sucesión lógica y temporal son fundamentales.

— **Datos personales:** nombre, apellidos, fecha y lugar de nacimiento, estado civil, dirección, número de teléfono.

— **Titulación académica:** títulos obtenidos, año de consecución; en los estudios universitarios es oportuno indicar también la facultad en la que se han cursado. A continuación hay que detallar posibles cursos de formación y cualificación profesional, indicando la duración.

— **Idiomas:** las lenguas conocidas y el correspondiente nivel de conocimiento, en orden decreciente.

— **Conocimientos de informática:** los sistemas operativos y los programas conocidos con el nivel de experiencia alcanzado, en orden decreciente.

— **Experiencia profesional:** los diferentes puestos de trabajo ocupados a partir del actual, o en todo caso, del más reciente. En cada uno se indicarán: fechas de inicio y fin de la relación, nombre de la empresa, actividades desarrolladas, cualificación.

Partes integrantes del texto

Un documento profesional va a menudo acompañado de algunos elementos funcionales: tablas de datos, ilustraciones (dibujos técnicos y gráficos), apéndices. Las relaciones técnicas o los documentos de una cierta amplitud necesitan un índice general y, en ocasiones, uno analítico (en particular los manuales de instrucciones). De ser necesario se deben proporcionar las listas de siglas y abreviaturas utilizadas en el texto y la bibliografía de referencia sobre la materia tratada.

> ESTE ES EL INFORME QUE DEBE PASAR A MÁQUINA Y EN EL CARRITO ESTÁN LAS PARTES QUE DEBE AÑADIR...

Las tablas

Muchos textos de carácter técnico o especializado suministran bloques de datos importantes en forma de tablas que pueden consultarse y utilizarse incluso con independencia del texto. Las tablas presentan en modo homogéneo y sintético un reducido número de elementos (nombres, valores numéricos, clasificaciones, breves partes de texto con función descriptiva), dispuestos según un esquema gráfico establecido que evita una redacción extensa que ocuparía una gran parte del documento. Por tabla no se entiende un apunte esquemático, insertado en el texto para presentar un pequeño número de datos. Las tablas se insertan generalmente en aquel punto del texto donde sea útil su consulta. Por lo general se colocan en correspondencia con el final de un párrafo y siempre después de su primera mención en el texto.

La identificación

En los textos de una cierta extensión, aunque contengan pocas tablas, cada una va acompañada de una nota de presentación que permita citarla con precisión desde cualquier punto del texto. Tal identificación normalmente comprende, en este orden, el número progresivo y el título de la tabla.

En el caso de un texto dividido en secciones, la numeración es doble y comprende el número de la sección y el número progresivo de la tabla dentro de esa sección, separados por un punto (por ejemplo, la tabla 3.1 es la primera tabla de la sección 3).

Citar la tabla mediante el número de página en la que se encuentra es peligroso, pues posibles variaciones del texto obligarían a corregir cada vez la numeración.

La estructura

El esquema gráfico de una tabla está organizado de modo que se dispongan los datos en la forma más clara y rápida de comprender para el lector. Una disposición convencional, establecida en los programas de procesamiento de textos y en las hojas de cálculo, se estructura en *líneas* y *columnas* que se cruzan entre sí: cada espacio de intersección es una *celda*, ocupada por un dato específico.

Cada línea y cada columna deben contener datos de la misma naturaleza (todo números, sólo texto, etc.).

Por comodidad, frecuentemente cada columna lleva encima un *encabezamiento*, un título que especifica el tipo de datos que esa determinada columna contiene (o la unidad de medida en que los datos están expresados).

Una tabla demasiado extensa en longitud o en anchura puede ser separada en dos partes, presentando sobre la segunda los encabezamientos empleados en la parte inicial.

Una correcta alineación horizontal y vertical de los datos ayuda a la lectura y facilita la plena comprensión de la tabla.

encabezamiento columna

Activo	Euros (en millares)
inmovilizado actual	3.120
existencias	100
créditos	600
liquidez	80
Total activo	3.900

celda

línea

De F. Pettinato, *Los puntos débiles de un balance*, Milán, 1998, pág. 94.

fuente

Las ilustraciones

En términos editoriales, la ilustración es la «representación gráfica o fotográfica insertada en un texto y en la que la imagen tiene un contenido informativo propio, con independencia del texto escrito».

Los textos profesionales pueden comprender distintas formas de ilustración: dibujos técnicos, organigramas, gráficos, esquemas de funcionamiento, etc., de enorme utilidad para presentar al lector una notable cantidad de datos de forma esquemática, fácil de comprender y de recordar gracias al soporte visual.

Las ilustraciones se traducen en un último compromiso en términos de tiempo y dificultad, aunque un programa normal de tratamiento de textos ofrece la posibilidad de insertar diversas formas de gráficos o dibujos. Es competencia del autor establecer en qué medida recurrir a ellas.

La identificación

Normalmente cada ilustración tiene un número que la distingue y una leyenda que constituye su título. En los textos breves se usa la numeración progresiva simple (dibujo 1, figura 2; ...); en los textos divididos en secciones numeradas se recurre a la numeración doble: número de la sección y número de la ilustración separados por un punto (dibujo 3.2).

Una ilustración puede representar varios elementos, caracterizados con números o letras y definidos individualmente en la leyenda. Por ejemplo:

Figura 5. Oscilógrafo: a. mecanismo con registro sobre papel ahumado; b. mecanismo con registro fotográfico; c. osciloscopio mecánico de espejo rotatorio.

Las ilustraciones extraídas de publicaciones, archivos públicos o privados o, en cualquier caso, no realizadas por el autor del texto deben acompañarse de la cita de la fuente de procedencia o del autor que las ha realizado[6].

Los apéndices

A los textos que cuenten con una estructura elaborada se les puede adjuntar un apéndice (o más de uno) que contenga los datos y la información que los integran, por supuesto, separados del cuerpo del texto. Puede tratarse de ampliaciones específicas, reproducciones de textos legislativos o bien de referencia para el tema del documento, esquemas, cuadros informativos y otros textos semejantes. El apéndice contiene sólo material no esencial, accesorio, que es posible descuidar sin que el tratamiento y la comprensión del argumento resulten comprometidos. Por lo tanto, no contiene temas que no se hayan tratado en la redacción del texto.

Si se incluye un único apéndice, no irá numerado; por el contrario, si son varios se indicarán generalmente con una letra mayúscula para evitar confusiones de numeración con las secciones. Así, por ejemplo, la tabla A.3 pertenece al apéndice A, y la tabla 1.3 a la sección 1.

La denominación *apéndice* se coloca delante de los números y el título, en caso de existir, distinguiéndose así del verdadero texto. Por ejemplo:

Apéndice B – Ejemplos de proyectos

6. Es una buena norma citar siempre las fuentes originales. Las imágenes, en efecto, pueden estar protegidas por el *copyright* (derecho de reproducción), y en este caso es necesario pedir la autorización para su uso, según las normas en materia de derecho de autor. El realizador de la imagen, cuando es conocido, debe ser citado.

Las indicaciones bibliográficas

En los textos de investigación e informes especializados se consideran necesarias las indicaciones bibliográficas para identificar correctamente las publicaciones utilizadas como fuentes de los datos presentados. Las referencias bibliográficas están reguladas por una normativa rigurosa, de la que aquí vamos a presentar sólo algunos elementos de aplicación esenciales.

Un documento puede presentar las referencias bibliográficas necesarias en el cuerpo del texto o disponer de una bibliografía final.

Referencias bibliográficas en el cuerpo del texto

Las referencias bibliográficas son una serie de elementos identificadores separados por comas.

BIBLIOGRAFÍA

Se indican en este orden:

— apellidos, en versalitas, y nombre del autor o bien inicial del nombre seguida de un punto;
— año de edición (entre paréntesis) y, a continuación, dos puntos;
— título completo tal y como figura en la cubierta del libro, en cursiva o subrayado;
— lugar de edición, es decir, la sede de la editorial, que no se debe confundir con el lugar donde se ha impreso el libro;
— editorial: título de la colección y número de orden de la obra dentro de la colección, indicados entre paréntesis;
— número de edición expresado con número ordinal seguido de la abreviatura *ed.*

Ejemplos:

HERNÁNDEZ MEDEROS, Alicia (1992): *Elementos para un análisis económico,* Barcelona, Círculo de Lectores, 4.ª ed.
LÓPEZ URIBE, José (1996): *Cómo hacer un currículum,* Madrid, Acento, 5.ª ed.
MATEO DÍAZ, Pablo (1977): *Normativa judicial,* Madrid, Ediciones S. M., 3.ª ed.
SALAS BETRÁN, Begoña (1993): *Manual de comunicación en público,* Barcelona, De Vecchi, 2.ª ed.

Se presentan todas las informaciones ilustradas en el punto anterior, seguidas de la indicación de la página o intervalo de páginas afectadas.

Ejemplo:

> Sierra i Fabra, Juan (1997): *El manual de estilo. Guía para redactar documentos, relaciones, artículos, manuales, tesis de licenciatura,* Barcelona, Editorial DeVecchi, 2.ª ed., págs. 145-152.

Artículo o colaboración en una publicación periódica

Se indican, en este orden:

— apellidos (en mayúsculas) y nombre o bien inicial del nombre del autor;
— fecha completa de publicación (entre paréntesis) seguida de dos puntos;
— título del artículo (entre comillas);
— nombre de la revista (en cursiva o subrayado);
— lugar de edición;
— número de la publicación (las cifras romanas se transforman en cifras árabes);
— intervalo de las páginas que ocupa el artículo.

Ejemplo:

> Casado Domecq, Roberto (mayo 1995): «Sistemas de visualización», *Electrónica hoy,* n.º 256, págs. 67-71.

Bibliografía final

La bibliografía es la relación en orden alfabético por autores de todos los textos empleados y citados en el trabajo para permitir una rápida valoración de la literatura técnica y especializada que ha servido de referencia. No es obligatoria, sobre todo si el documento es para uso interno.

La bibliografía no incluye todo lo publicado sobre el tema ni todo lo que el autor ha consultado, sino sólo lo que ha sido directamente utilizado en el texto. La bibliografía se coloca al final del texto, después de los posibles apéndices y antes del índice analítico, si existe.

La forma de las citas corresponde a la ilustrada para las referencias bibliográficas.

WARD, M. (1999): *Cincuenta técnicas innovadoras de dirección*, Barcelona, Editorial De Vecchi.

Los índices

Para textos de una cierta consistencia es conveniente crear un *índice general* que presente los títulos y el número de página inicial de todos los componentes significativos del texto (partes, secciones y, si es el caso, subdivisiones). De este modo el índice no sólo permite la búsqueda de un argumento específico tratado en el texto, sino que proporciona al lector una visión inmediata de los contenidos y de su organización.

El índice se dispone sobre dos columnas: a la izquierda se ponen los títulos, presentados con su numeración, si la tienen; a la derecha, los números de las páginas alineados en el margen derecho. Cada pareja título-número de página ocupa una línea; una organización jerárquica diferente se puede resaltar gracias a entrantes o espaciados verticales diferentes. No hay un criterio específico para colocar el índice general; sin embargo, se suele poner al inicio del documento, justo antes del texto.

Los manuales de instrucciones y en general cualquier texto de una cierta dimensión, en los que es previsible que se quiera realizar una consulta dirigida a argumentos específicos, pueden tener también un *índice analítico*, además del general. El índice analítico relaciona alfabéticamente todos los posibles términos o breves definiciones de temas específicos en los que el lector podría estar interesado. Por lo tanto permite una búsqueda más detallada que el índice general. El índice analítico se coloca al final del texto, después de los apéndices y la bibliografía. Cada línea del índice comprende una voz con las correspondientes referencias al texto; si existen términos relacionados con esta, se dispondrán en otra línea, entrados con respecto a la voz principal.

Ratón	10-15; 68; 103
conexión	11-15
configuración	13-26
driver	10-14

En las grandes organizaciones, en el caso de textos particularmente elaborados, el índice analítico es generalmente tarea del encargado de redactar el trabajo que ya conoce todas las convenciones sobre el tratamiento y la disposición de los términos, una materia demasiado específica para ser afrontada aquí. Sin embargo, el autor puede desempeñar un papel determinante marcando en una copia del texto los términos relevantes que considera que tienen que insertarse en el índice analítico.

La lista de abreviaturas o símbolos

La lista de las abreviaturas y la de símbolos presentan el significado de las que aparecen en el texto, relacionadas en orden alfabético. En una relación técnica o un documento empresarial son elementos accesorios, presentes sólo si se consideran de gran utilidad para el lector. En los textos, en las tablas o en los dibujos, el uso de abreviaturas permite descripciones de tipo sintético, evitando al lector la repetición de términos recurrentes. Las abreviaturas deben simplificar la lectura del texto; su abuso, sin embargo, puede convertirse en un obstáculo.

LAS INTERVENCIONES EN PÚBLICO

Comunicar oralmente

He visto a muchos profesionales más brillantes y mucho más preparados que yo sobre los automóviles. Y, sin embargo, los he destruido. ¿Por qué? ¿Porque soy más duro? No... Hay que saber cómo decir las cosas de manera clara y sencilla.

(LEE IACOCCA)

La vida profesional exige a menudo exponer temas en público. Saber comunicar bien es importante para la vida de las empresas y de las administraciones públicas e indispensable para la carrera de cada uno.

Una reunión técnica, una actualización sobre los progresos de un proyecto, un rápido informe al término de un viaje requieren una capacidad inmediata de síntesis y una clara exposición de los propios argumentos, pero sin caer en el rigor formal de un documento escrito. Eso no significa que la argumentación oral tenga menor dignidad formal que la escrita; en todo caso, el adiestramiento afina con más rapidez las capacidades necesarias. Los resultados se alcanzan más deprisa, con la consiguiente gratificación personal y el refuerzo de la confianza en uno mismo, creando las herramientas necesarias que permiten superar la emoción que hablar en público despierta inevitablemente.

Los principios básicos de la comunicación oral

La comunicación oral profesional se incluye en un momento preciso de una cadena de decisiones, proporcionando informaciones, análisis, propuestas o peticiones. Su eficacia depende de la autodisciplina y de la corrección con que el emisor elabora el mensaje. Comunicación oral, de hecho, no significa improvisación ni mucho menos concesiones al *brainstorming*, es decir, a la presentación de ideas y conceptos a medida que acuden a la mente, expresados en forma no estructurada. En este caso los resultados podrían ser desastrosos: un discurso oscuro e ilógico provoca dificultades de comprensión, sensación de fastidio en el oyente y un inevitable revés en la imagen de quien habla.

Por el contrario, una comunicación oral eficaz requiere disciplina y entrenamiento para estructurar y exponer rigurosamente los puntos clave y los correspondientes nexos lógicos y de consecuencia, en función del tiempo de que disponga el interlocutor. Cuanto más reducido sea el tiempo concedido y más alto el nivel de decisión, mayor será la preparación necesaria.

La estrategia y el modelo de exposición deben estar tan bien asimilados y radicados que permitan una reacción inmediata a cualquier petición imprevista, es decir, una respuesta espontánea en términos sintéticos, claros, exhaustivos y funcionales al objetivo y al contexto.

Así pues, para comunicar con eficacia es preciso desarrollar:

— **capacidad de síntesis,** para circunscribir el tema que se va a tratar e identificar los datos indispensables que hay que transmitir;
— **disciplina,** para disponer en progresión lógica los puntos clave del discurso y no abandonarse a divagaciones de última hora; es preferible seguir un esquema expositivo lineal de lo general a lo particular;
— **flexibilidad,** para adoptar el lenguaje más apropiado para el destinatario y predisponer el esquema expositivo a la posibilidad de que la discusión gire hacia otros derroteros;
— **capacidad de relacionar,** para elaborar imágenes, ejemplos y fórmulas de efecto, sobrias pero capaces de implicar al interlocutor y mantener la atención, actuando sobre el componente emotivo además del racional.
— **habilidad técnica,** para evitar, cuando sea posible, la lectura de un texto escrito ya que quita espontaneidad al discurso y lo hace monótono. Esto no significa improvisar. Incluso las personas con gran experiencia y dotadas de una notable capacidad comunicativa tienen que seguir al menos un esquema mental. Después de una cuidada documentación sobre el tema, un orador brillante no lee, sino que habla siguiendo, si no el texto completo, al menos una gran parte de él de manera que queden claros los diversos conceptos;
— **equilibrio,** para reconocer las circunstancias en las que es aconsejable preparar un texto escrito, es decir, cuando no se es experto en el tema o el tiempo es realmente reducido. Sirve además para no abandonarse a largas divagaciones, concediendo el espacio justo a cada argumento sin superar el tiempo disponible que se había establecido dependiendo de las circunstancias.

Las fases previas a una intervención

Las fases preliminares de una intervención —concepción general y organización de los datos— se disponen según modalidades análogas a las ya consideradas para los documentos escritos, pero siguen una estrategia dirigida a la expresión oral.

El tiempo disponible y el contexto influyen, obviamente, en la aplicación práctica de la técnica sugerida, pero es importante asimilar sus principios básicos para adquirir desenvoltura y eficacia expresiva, tanto para intervenciones improvisadas como para discursos más formales, fijados previamente.

La concepción general de los contenidos

Una documentación detallada y los conocimientos personales sobre la materia permiten definir los datos que hay que transmitir, seleccionándolos según el contexto y los objetivos del discurso. En particular, hay que buscar y elegir con cuidado ejemplos, citas y soportes visuales que refuercen el discurso con su importancia y autoridad.

La organización del material

Claridad, coherencia y volumen de contenidos son los objetivos principales que hay que alcanzar mediante la distribución del material recogido según un esquema racional de exposición, similar al esquema de un texto escrito. Los conceptos básicos deben quedar claros y unirse entre sí con nexos lógicos y cronológicos precisos. Los datos relativos a cada concepto se estructuran jerárquicamente según su importancia. El hilo lógico que une todo el discurso debe apreciarse inmediatamente y ser siempre evidente.

La preparación del texto

En la mayoría de los casos es preferible redactar completamente el texto que se va a presentar. Sólo una adecuada experiencia oratoria o el hecho de que se trate de intervenciones con un grado de decisión no muy elevado pueden permitir la redacción sólo de la parte introductoria, de los pasajes clave y de la conclusión.

Es conveniente incluir referencias numéricas en cada punto del discurso en el que esté prevista la presentación de un soporte visual.

Revisar, valorar y memorizar

Para poder improvisar con soltura en un discurso hay que ensayarlo muchas veces, con el fin de mejorar su forma y estudiar el modo mejor de presentarlo a los oyentes. Releerlo varias veces, en voz alta, permite captar caídas en el ritmo y frases tan largas que no se sostienen; además permite familiarizarse con el texto, sin aprenderlo de memoria, pero dominándolo de manera que se tenga que consultar lo menos posible.

La lengua funcional y las formas expresivas

El texto debe utilizar la lengua funcional de las comunicaciones de trabajo y concebirse en función de su exposición oral. La forma y el registro son aparentemente más ligeros que en un documento escrito; las palabras parecen espontáneas y consiguen implicar a los oyentes, evitando el efecto de «hablar como un libro». En realidad, el esfuerzo para presentar los contenidos del modo más claro y lineal queda oculto para facilitar su recepción a falta del soporte escrito.

Las frases son generalmente breves, tienen una construcción directa (sujeto-verbo-complemento) y se prefiere su unión mediante oraciones coordinadas en lugar de subordinadas. Este procedimiento supone una ventaja tanto para quien habla como para quien escucha. En primer lugar, evita perderse en una espiral de encadenamientos complicados, con el riesgo de tener que perder el hilo para salir y, en segundo lugar, facilita enormemente la comprensión del oyente.

¿ES POSIBLE QUE NO ME ENTIENDA?... ¿O ES QUE LE ESTOY HABLANDO EN CHINO?

Las expresiones concretas son preferibles a las abstractas; los verbos que expresan acción son preferibles a los sustantivos derivados: «comercializar un producto» es preferible a un «objetivo de comercialización del producto». La expresión oral permite un uso más amplio, aunque siempre sobrio, de imágenes y metáforas, obtenidas incluso de ámbitos profesionales distintos del tratado. Por ejemplo, el término *by-pass*, sacado del lenguaje de la cirugía, por extensión puede expresar eficazmente la idea de «puente, enlace para superar un obstáculo».

MASCULINO Y FEMENINO

Cargos y títulos observarán rigurosa concordancia de género con sus poseedores. Así, se escribirá *la doctora, la ingeniera, la diputada, la jefa* o *la primera ministra* cuando tales cargos o profesiones se refieran a una mujer.

Sin embargo, debe escribirse *el modista* y no *el modisto* (igual que *periodista* y no *periodisto; la poetisa* y no *la poeta*).

El hecho de que se escriban en femenino profesiones que en otro tiempo estuvieron reservadas a los hombres no debe inducir a un uso equivocado del idioma. Así, por ejemplo, no debe escribirse *jueza* cuando no se usa *juezo*, sino *juez*. No ocurre igual con *médica*, femenino de *médico*.

Dirigirse al oyente

Informarse

Para hablar es preciso documentarse, no sólo respecto a los contenidos que exponer, sino también sobre las características y expectativas del auditorio ante el que se va a hacer la presentación.

¿Quiénes son los oyentes o los interlocutores? ¿Qué nivel de decisión tienen respecto al tema expuesto? ¿Se trata de una sola persona o de un grupo y, en este caso, se trata de un grupo homogéneo o compuesto por diferentes cargos e intereses? ¿Cuál es el nivel de conocimiento de la materia tratada? ¿Cuáles son las expectativas y los objetivos que se deben satisfacer?

Un orador competente debe intuir la lógica de su público, responder a sus expectativas y plasmar su intervención según las necesidades y los problemas de los interlocutores.

Despertar interés y comprensión

La atención de los destinatarios está íntimamente relacionada con dos factores: interés y comprensión. Por eso el tema del discurso debe presentarse rápidamente para satisfacer el interés que despierta en el interlocutor. Los puntos cruciales del texto pueden subrayarse con discretas repeticiones o utilizando moderadamente preguntas retóricas:

> Así pues, orientarse hacia el mercado. Pero, ¿qué significa exactamente orientarse hacia el mercado?

Mientras que en un texto escrito resultan redundantes, las repeticiones son realmente útiles para asegurarse el seguimiento de los oyentes. El análisis y la argumentación deben ser siempre lúcidos y transparentes.

Como ya se ha explicado en la primera parte, para que la comunicación sea efectiva, es necesario que emisor y receptor empleen el mismo código. El orador, por lo tanto, debe calibrar su lenguaje según los oyentes: en contextos profesionales especializados empleará el lenguaje técnico de los destinatarios; en otros casos tendrá que recurrir a expresiones precisas aunque más sencillas, nunca simples, explicando inmediatamente los términos especializados inevitables, en caso de no poder renunciar a su inclusión.

Hablar en público

Colocarse frente a un público requiere un esfuerzo físico y psicológico. El arte de hablar en público consiste también en saber dominar el ansia y expresarse con eficacia no sólo con las palabras, sino con todo el cuerpo.

Controlar los nervios

Los nervios no son por definición una reacción negativa. Surgen de forma natural en todas las personas que se encuentran frente a una prueba comprometida, pero varía la capacidad de reacción de cada una de ellas. Un cierto estado de tensión es incluso estimulante e impulsa a dar lo mejor de uno mismo, como algunas experiencias escolares, deportivas o vitales nos han demostrado a todos. Por supuesto, es de gran ayuda el ser consciente de la propia preparación sobre el tema, la tendencia a pensar de manera positiva y la práctica personal en hablar en público.

Existen además técnicas específicas de respiración y relajación. Para combatir la tensión y la intranquilidad hay que intentar relajar lo máximo posible los músculos, partiendo del cuello y los hombros que suelen ser los que están más contraídos. Una respiración profunda y constante permite que fluya más oxígeno al cerebro con la consiguiente claridad mental.

ES UN BUEN ORADOR PERO CADA VEZ QUE TIENE QUE HABLAR EN PÚBLICO LE DA UN ATAQUE DE NERVIOS...

Controlar la voz

La información se canaliza a través de la voz, a la que hay que sacar todas sus posibilidades, evitando una exposición monótona que sólo despierta aburrimiento, distancia con el orador y dificultad para distinguir un punto importante de un detalle secundario. Las características de la voz que se pueden modular fácilmente son el *volumen* y el *tono*. La primera norma que hay que tener en cuenta es hablar a un volumen adecuado, ni débil ni ensordecedor. No es una observación sin importancia ni inútil: a todos nos ha ocurrido tener que inclinarnos hacia un interlocutor inseguro que casi murmuraba y, otras veces, alejar el teléfono del oído para no quedarnos sordos. Regular el tono de la voz significa adaptarla a la situación comunicativa. El orador es el experto, el que, en virtud de sus conocimientos, tiene la obligación de guiar a los demás por un recorrido fijado. Su tono debe ser, por lo tanto, firme y decidido pero a la vez natural, sin mostrar distanciamiento, énfasis ni inseguridad.

La valoración y simpatía que el público siente por el orador dependen, por supuesto, de los contenidos pero también de cómo se exponen. Las palabras deben pronunciarse con claridad; la velocidad debe ser moderada o de lo contrario se corre el riesgo de que la persona que está escuchando pierda una cantidad importante de información. También las pausas tienen un valor expresivo: sirven para subrayar el paso de un punto clave a otro, concediendo a los oyentes un instante para reflexionar.

Comunicar positivamente con el cuerpo

Cuando estamos nerviosos, el cuerpo se tensa y apretamos la mandíbula por lo que la voz sale sin fuerza y el discurso pierde la entonación natural convirtiéndose en algo mecánico y con escaso poder de implicación. Un orador experto, en cambio, domina no sólo la materia, sino también a sí mismo.

ME SIENTO MÁS A GUSTO SI LES HABLO DESDE AQUÍ ARRIBA...

Ya en las antiguas Grecia y Roma la oratoria era considerada una técnica muy refinada, basada en reglas precisas en las que al lenguaje del cuerpo se le reconocía un papel tan importante como a las palabras.

En primer lugar es conveniente, cuando el contexto lo permite, elegir entre estar sentado o de pie. La posición sentada es característica de un proceso informativo descendente (del tipo docente-alumno); es propia de una circunstancia formal, de una intervención extensa sobre un tema, rica en contenidos y conceptos, o bien para proporcionar una serie de instrucciones de trabajo. Hablar de pie es preferible cuando la información proporcionada está sostenida por ejemplos o argumentaciones, o bien cuando se recurre a soportes expositivos (pizarras, tablones, transparencias, etc.). Cuando se está de pie se habla mucho más con el cuerpo. La posición debe ser erguida pero no rígida; las manos, cuando no están apoyadas en la mesa o sujetan las hojas de los apuntes, se mueven de manera natural, para acompañar, siempre con moderación, la andadura del discurso y subrayar la importancia o el valor de ciertos pasajes. Cuando se está sentado las manos están más controladas y realizan sólo ligeros movimientos simétricos. En cualquiera de los dos casos no permita que se transmita su nerviosismo retorciéndose las manos sin parar, torturando las uñas o metiéndolas en los bolsillos con falsa desenvoltura. No incline el rostro, dirija la mirada hacia su interlocutor y mire el texto en contadas ocasiones. Si se trata de una intervención ante un público es la mejor manera de averiguar el ambiente que reina en la sala y los puntos que despiertan mayor interés y de corregir la presentación del tema en caso de encontrar una situación adversa. Los gestos deben ir en consonancia con las palabras y transmitir que quien realiza el discurso está completamente convencido. Un saludo o un agradecimiento tienen mayor efecto si van acompañados por una sonrisa sincera.

Adiestramiento y autoevaluación

Puesto que con la práctica se aprende a ser buen comunicador, es conveniente entrenarse y, a ser posible, no a costa de los oyentes. Aparte de las necesidades específicas como preparar una intervención pública o un informe para nuestro superior, es útil esforzarse y practicar continuamente exponiendo temas variados de manera profesional. Sólo así se adquiere la disciplina necesaria para sintetizar, estructurar lógicamente el propio pensamiento y exponerlo de manera clara y sencilla hasta lograr que este modo de expresarse resulte espontáneo.

Es suficiente leer un texto en voz alta, como si se estuviera delante de un público, pero solo o frente a un familiar o un amigo paciente, que no tiene por qué ser un experto en la materia. Si es posible, grábese con una cámara de vídeo. Probar en una atmósfera protegida una experiencia futura que genera nerviosismo ayuda, sin duda, a afrontar mejor la prueba. Ver y volver a escuchar el discurso saca a la luz errores formales, como vacilaciones, actitudes equivocadas o una velocidad y tono erróneos. Una persona no implicada tiene además la justa distancia para captar muchos detalles (a veces fundamentales) para mejorar el núcleo de la exposición: comprensión de los conceptos y de los términos utilizados (si no está seguro, elija siempre la versión menos especializada), coherencia y claridad en el desarrollo del discurso, capacidad para enfocar los puntos de interés.

Normalmente el temor inicial (incluso para un conferenciante experto) es tener poca materia respecto al tiempo disponible; en la práctica, sin embargo, el problema se plantea a menudo en los términos opuestos. Todos, en efecto, hemos sufrido antes o después a un orador imparable que sobrepasaba el límite de tiempo concedido.

Por tanto, cuando practique, utilice también un reloj para establecer si las distintas partes de la intervención (introducción, cuerpo expositivo, conclusión) son proporcionadas y, de tratarse de un informe programado frente a un público, si la intervención preparada cubre y no sobrepasa el tiempo concedido. Normalmente la introducción y la conclusión deberían ocupar cada una del al 15 % del tiempo disponible. El tema tratado y la velocidad al hablar influyen en el tiempo pero, a título orientativo, una página de dos mil caracteres se expone en público en unos 3 minutos a los que se pueden añadir algunos segundos para dibujar un gráfico, presentar transparencias u otros apoyos visuales.

Una intervención brillante por sus con-

129

tenidos seguirá siéndolo aunque dure algún minuto menos de lo previsto e incluso será más apreciada por esto. Cualquier tema puede tratarse en un lapso de tiempo que varía de los tres minutos de un rápido coloquio informativo a los 45 minutos, tiempo límite concedido para una comunicación informativa durante un seminario o una intervención de carácter formativo. Pasado este umbral es muy difícil mantener alta la atención del público.

UNA FICHA DE EVALUACIÓN

Escuche una grabación de su voz y realice un examen, evaluando de 1 a 5 cada una de las cuestiones propuestas. Deje también que la escuche un amigo.

Voz
— volumen ☐
— tono ☐
— velocidad ☐

Mirada
— dirigida
al interlocutor ☐
— baja ☐

Expresividad
— longitud de las frases ☐
— estructura de las frases ☐
— duración de las pausas ☐
— imágenes, ejemplos
analogías ☐

Gestos
— postura ☐
— gestos
que reflejan
incomodidad ☐

Lenguaje
— especializado ☐
— coloquial ☐
— frases hechas ☐

Contenidos
— claridad ☐
— coherencia ☐
— síntesis
y exhaustividad ☐

Resultados

De 17 a 43 puntos. ¿Está seguro de no haber sido excesivamente crítico? Su actuación debe mejorar todavía. Es conveniente que trabaje sobre su técnica de exposición concentrándose en los apartados en los que haya obtenido los resultados más bajos.
De 44 a 75 puntos. Practicar tiene sus resultados, no hay duda. Cuenta con una discreta desenvoltura y ya ha adquirido los principios de la comunicación funcional. Es el momento de limar los matices, centrándose en los puntos menos brillantes.
De 76 a 85 puntos. Estamos frente a un profesional, claro, sintético, brillante. La soltura que ha alcanzado disimula la preparación y dispone favorablemente a sus interlocutores.

Modos, tiempos y técnicas para hablar en público

En el capítulo anterior se han trazado los principios para organizar un discurso programado, subrayando la necesidad de practicar para adquirir mayor técnica y soltura con el fin de poder afrontar también los imprevistos. Sin embargo, en la mayoría de las ocasiones profesionales en las que se nos requiere para exponer públicamente una cuestión, no se trata de dar seminarios o conferencias, que se pueden preparar con mucha anticipación, sino de realizar intervenciones imprevistas de breve o mediana duración.

Los principios básicos no cambian pero tienen que adaptarse a la circunstancia, el contexto y el tiempo disponible, midiendo la prestación y el nivel de atención permitido. Por ello es preferible hablar de intervenciones *imprevistas* y no *improvisadas*.

La práctica y un aviso, aunque sea mínimo, permiten recoger las ideas, valorar la situación y a los interlocutores, y predisponer una adecuada estrategia de exposición. Disponer de un esquema por escrito es índice de profesionalidad, no de inseguridad. Obliga a estructurar las ideas y guía la exposición.

Tiempos y técnicas

El tiempo es el criterio sobre el que se plantea la estrategia de exposición y es importante ser conscientes de qué nos permite exponer.

— Un par de minutos (una llamada telefónica o la respuesta a una pregunta) permiten informar sobre un tema en sus aspectos esenciales pero no queda espacio para detalles y argumentaciones. Es la situación más frecuente y, en la mayoría de los casos, sin previo aviso; por eso requiere la máxima capacidad de reacción.

131

— Cuatro o cinco minutos permiten trazar el análisis evolutivo de un problema, referir el estado de avance de un proyecto, proporcionando los elementos concluyentes para tomar una decisión. Con un mínimo aviso previo es posible trazar un esquema; en caso contrario, la práctica permite, en pocos segundos de reflexión, identificar los puntos cardinales del discurso y organizarlos según un esquema lógico.

— Un cuarto de hora es un margen de tiempo amplio: permite exponer en detalle un tema que se domina en el transcurso de una reunión. Espacios mayores se conceden generalmente sólo en contextos oficiales: seminarios, conferencias, etc. Se trata de situaciones comprometidas que requieren una cuidadosa preparación.

El punto central de la cuestión que se está tratando debe presentarse inmediatamente, porque es el centro de la exposición que seguirá a continuación. Partiendo de él, el esquema expositivo se estructura por conceptos principales y componentes secundarios según nexos lógicos y de consecuencia rigurosos.

De acuerdo con el tiempo, el contexto y la finalidad se establecen el nivel de síntesis y el tipo de discurso, informativo o analítico, esencialmente pragmático o más teórico.

Es evidente que sólo la experiencia que proporciona la práctica permite exponer con profesionalidad y reaccionar de inmediato ante un discurso imprevisto gracias a la competencia en la materia y a la sencillez de exposición.

La introducción

Comenzar bien es lo más importante. Y lo mejor siempre es presentar enseguida el tema del discurso, especificando los términos en que se va a tratar dependiendo de los límites y las obligaciones (de tiempo, de oportunidad) determinados por las circunstancias.

El tono y planteamiento deben transmitir de inmediato la competencia y la determinación de quien habla. Para alimentar la atención hay que aludir también a los motivos por los que el tema tratado se considera importante para el interlocutor. Al enunciado del tema sigue su análisis y la presentación de las posibles hipótesis operativas. Las referencias lógicas y cronológicas son precisas gracias al uso constante de nexos fuertes para introducir cada argumento nuevo. El esfuerzo de concentración que se le pide al oyente puede equilibrarse con el empleo de ejemplos concretos, palabras y frases que hagan dinámico el discurso y lo dirijan hacia imágenes y analogías de conocimientos ya poseídos.

La conclusión

El discurso no puede cortarse abruptamente, sin ofrecer nuevos puntos de partida. Mientras que los datos presentados ayudan a valorar decisiones, la *bottom line* (la conclusión) sirve para indicar objetivos y resultados que se pueden alcanzar, formular propuestas, adelantar soluciones o exigir disposiciones.

Cuando el objetivo del discurso es informar, la conclusión resume en pocos términos el tema tratado para volver a conducir allí la atención de los interlocutores e imprimirlo en su memoria. Es importante dar importancia a la síntesis y concreción. Una presentación, por ejemplo, puede exponer las ventajas derivadas de la adopción de un cierto tipo de producto o servicio.

Una síntesis extrema (dos o tres minutos)

Dos minutos son suficientes para contar con claridad lo esencial, tanto en persona como al teléfono. Puede tratarse de responder a una pregunta específica, una especie de pequeño informe inmediato o bien de presentar un producto, una entidad, las modalidades de una operación. En todo caso los datos responden a un fin eminentemente práctico y deben encontrar el justo equilibrio entre síntesis, plenitud y eficacia.

Para ayudar al oyente a comprender con rapidez y recordar, la exposición debe desarrollarse con un esquema sencillo que proponga este orden:

— el argumento principal;
— los elementos básicos que lo constituyen y sus correspondientes nexos lógicos y cronológicos.

El tema puede reducirse a una estructura con polos contrapuestos:

— objetivos/recursos disponibles;
— diagnóstico de la situación/intervenciones posibles;
— balance/perspectivas;
— demanda/oferta;
— previsión teórica/realización práctica;
— calidad/cantidad;
— normativa jurídica/incumplimiento;
— interno/externo.

O bien el argumento puede presentarse con puntos en paralelo:

— recursos: financieros, técnicos, humanos;
— perspectivas: a corto, largo plazo.

He aquí un ejemplo de síntesis para una presentación rápida.

Actuaciones y servicios de las empresas españolas en el mercado global: presentación del programa de actividades promocionales para el 2000

1. Introducción: la situación actual; motivos de interés para los oyentes. Nuestro país es hoy el sexto exportador a escala mundial y el décimo en inversiones en el extranjero. Las empresas españolas que exportan o producen en los mercados extranjeros son casi 200.000, de las que el 98 % está constituido por empresas con menos de 200 empleados, lo que confirma la creciente dimensión internacional de medianas y pequeñas empresas.

2. Tema: presentación de actividades y servicios: general-específico. Este esfuerzo debe estar sostenido por una estrategia de sistema que apoye a las empresas en el acceso a los mercados, la promoción comercial y las relaciones con las instituciones financieras internacionales. Dentro de esta lógica el Instituto para el Comercio Exterior (ICE) ha programado una serie de acciones de marketing internacional dirigidas tanto a explorar los mercados nuevos y más complejos como a consolidar y adquirir cuotas de mercado futuras en las áreas económicamente más desarrolladas.

3. Sujetos interesados: las entidades e instituciones que realizan la promoción pública y, sobre todo, las pequeñas y medianas empresas tienen a su disposición el cuadro de las actividades que se desarrollarán durante el año 1999, repartido por sectores de mercado, área geográfica y tipos de promoción.

4. Ámbitos de intervención: en primer lugar, ¿cuáles son los sectores de mercado implicados? Las actividades promocionales previstas se refieren a los 50 sectores de mercado de mayor impacto sobre el volumen nacional de exportaciones. A estos se añaden también ámbitos «transversales» no específicos; es el caso, por ejemplo, del Proyecto Medio Ambiente o del Proyecto Nuevos Exportadores. Además están previstas iniciativas sobre los modelos de aproximación a los mercados, apoyadas por acuerdos con las regiones interesadas, para organizar iniciativas conjuntas.

En segundo lugar, ¿qué áreas geográficas están interesadas? El programa da prioridad a dos áreas: los países del Pacífico, principalmente China y Japón, y América del Norte. Entre las áreas emergentes se dedica particular atención a la Europa oriental (Polonia y Rusia) y a Sudamérica, particularmente Brasil y Argentina.

Numerosas iniciativas tendrán lugar también en los países de la Unión Europea. El objetivo, evidentemente, es doble: consolidar los mercados tradicionales pero también activar y apoyar a las empresas y afrontar los mercados más lejanos.

Para cada sector y área geográfica se contemplan actividades promocionales de todo tipo: están previstos 102 simposios y seminarios, la participación en 101 ferias, la organización de 73 visitas de técnicos y periodistas del extranjero y la colocación de 48 mostradores Punto España en exposiciones de particular importancia. Son 70 los estudios de mercado encargados y 50 los informes y registros de mercado que se redactarán y pondrán en circulación. Paralelamente, el sector formativo prevé 17 cursos de dirección y aprendizaje técnico.

Último elemento, pero no menos importante: la eficacia de las iniciativas se evaluará gracias a unos parámetros que permitirán, de ser necesario, volver a formular las iniciativas y distribuir los recursos según las respuestas de los mercados y la disponibilidad de las empresas.

Obsérvese que en el punto 4 se ha reagrupado una importante enumeración de iniciativas en cuatro grandes puntos, lo que proporciona una solución más dinámica que un largo listado de datos.

Una exposición media

Una exposición media (en términos de tiempo obviamente, no de calidad) permite presentar, discutir o defender por completo cualquier cosa, por ejemplo, una presentación de cuentas financieras, un proyecto operativo o de inversión, una normativa nueva, el estado de un contencioso o la oportunidad de adoptar una nueva estrategia. La técnica básica consistente en organizar el propio pensamiento por puntos clave y estructurarlos en varios niveles permite asignar a cada elemento un tiempo proporcional a su importancia.

Valoremos el siguiente ejemplo.

La importancia de la crisis directiva

Me han pedido que les informe sobre los principios de gestión de una crisis imprevista. En estas páginas se les ofrecerán actitudes e indicaciones generales, producto del análisis de numerosos casos particulares. El dossier que se les ha preparado será esclarecedor, tanto en positivo como en negativo.

Un defecto de planificación o de producción, un accidente, un daño ecológico o un sabotaje, una vez conocidos por el público en general o por el nuestro en particular, pueden desencadenar efectos desastrosos en términos tanto de imagen como económicos. Sólo una empresa preparada para reaccionar ante este imprevisto podrá contener los daños en una medida razonable. Así pues, la prioridad es gestionar la crisis y, sobre todo, hacerlo bien, independientemente de las responsabilidades, de tener que buscar la solución dentro o fuera de la empresa, sin importar si se trata de un accidente o de un acto intencionado.

Se debe tener todo preparado antes de que se produzca la emergencia, según el principio de «¿Qué haríamos si...?». Como prevención, por lo tanto, preparar la forma de actuar y comunicar juegan un papel determinante.

En la práctica, es necesario elaborar programas específicos para prever, en la medida de lo posible, los riesgos potenciales a los que la empresa está expuesta (accidentes, defectos, sabotajes). Según cuáles sean es preciso definir los procedimientos que permitan una reacción inmediata al problema, evitando dejarse llevar por el nerviosismo y la improvisación e intentando contener al máximo las consecuencias sobre la empresa. Se llega así a la definición del llamado «manual de crisis» que indica los procedimientos a seguir por parte de cada una de las funciones empresariales implicadas.

Para preparar la comunicación con el exterior la empresa selecciona, de acuerdo con las áreas débiles identificadas, las correspondientes categorías de interlocutores críticos: medios de comunicación (nacionales y locales) e instituciones potencialmente implicadas. En segundo lugar, define las posiciones básicas y los mensajes clave para cada una de las áreas débiles. Por último, prepara las posibles acciones de respuesta según los distintos interlocutores.

Cuando se está en una situación de emergencia, asumir una posición responsable y comunicar en modo transparente, claro y detallado es el único antídoto eficaz para afrontar los primeros momentos de la crisis. La ausencia de los directivos empresariales así como el intento de negar o minimizar las dimensiones del accidente son perjudiciales. Para su prevención, la estrategia de reacción se ha de planificar asumiendo la hipótesis peor. El problema real debe estar bien definido, a corto y medio plazo. Una vez conocido, es posible estudiar el modo de contenerlo y controlar constantemente los daños causados y las consecuencias sobre toda la realidad empresarial. La gestión de la crisis debe mantenerse aislada de la ordinaria de los negocios.

La empresa asume la iniciativa del diálogo con los órganos de prensa, siguiendo una política de información rápida y detallada; los directivos de la empresa tienen que hablar públicamente, sin utilizar un portavoz. Es importante tener personas en los puntos neurálgicos e informar repetidamente mediante ruedas de prensa temáticas (causas, cuantía de los daños, resarcimientos, medidas), así como anticiparse a las preguntas para preparar las respuestas. La disposición de líneas 900 no sirve sólo para informar a la opinión pública. Responder a las llamadas telefónicas permite valorar el impacto del problema y, de ser necesario, corregir el giro tomado por los acontecimientos. También la radio es un medio que no hay que infravalorar: tiene una gran audiencia y permite hablar en directo en numerosas ocasiones. Terminada la emergencia, la empresa debe dejar clara su presencia en el mercado, demostrar con hechos que trabaja aún mejor que antes y luego hacer que olviden el problema.

¿Cuántos aceptarían pasar por una crisis para salir de ella en mejores condiciones que antes? En 1982 un loco envenenó algunos envases de un analgésico, el Tylenol, producido por la Johnson & Johnson. Se produjeron siete víctimas. La casa retiró inmediatamente del mercado todos los envases del producto incluso antes de conocer los motivos de lo que estaba sucediendo. Pero no hizo sólo eso. Impulsada por el debate sobre la seguridad en los envases de fármacos, la empresa introdujo el nuevo envase en ampollas, y consiguió en poco tiempo conquistar incluso nuevas cuotas de mercado.

Los soportes audiovisuales

...Y AHORA INTERRUMPIMOS LA CONFERENCIA PARA TRANSMITIR UNOS MOMENTOS DE PUBLICIDAD...

¡BEBA NARANJADA ZIP!

Los soportes audiovisuales son un instrumento decisivo para atraer la atención, ayudar a la comprensión y fijar los datos. Se explica con palabras, pero ciertos datos adquieren una evidencia mayor y una mejor comprensión si se transmiten con un gráfico o tablas numéricas.

Los estudios en los campos psicológico y pedagógico han demostrado además que en un proceso de formación, la persona que escucha recuerda durante mucho tiempo no más del 20 % aproximadamente de la información recibida, mientras que las funciones vista-escucha combinadas permiten retener un 50 % de los datos transmitidos. Los audiovisuales por tanto no sustituyen la contribución personal del orador, sino que integran y acompañan sus palabras.

La pizarra con hojas

La pizarra con hojas móviles es un soporte muy válido y económico para ayudar al desarrollo del discurso. Los conceptos básicos se presentan en hojas mediante frases «relámpago» y los nexos lógicos y de secuencia se indican por medio de flechas u otros signos gráficos (es útil prepararse con antelación los puntos que se van a presentar en la pizarra).

El orador debe acordarse de no hablar dirigiéndose a la pizarra sino manteniendo el contacto visual con el público. La caligrafía puede ser un problema: hay que esforzarse en escribir claramente. Si eso no fuera posible, será mejor renunciar a utilizar este método y recurrir a las transparencias.

Un recurso útil puede ser escribir con colores distintos, cada uno de ellos asociado a un argumento o a un aspecto específico del tema afrontado. La experiencia aconseja utilizar siempre caracteres muy grandes, empleando letras mayúsculas o minúsculas, sin mezclar los dos tipos. Los datos, presentados de forma esencial, pueden ser subrayados para darles más importancia. El orador no debe leer lo que está escrito en la pizarra sino explicarlo, interpretarlo, ampliarlo y citar ejemplos. Una hoja demasiado llena de escritos y flechas genera confusión, por lo que es mejor limitar el número de conceptos presentados en cada página.

Diapositivas y transparencias

No hay discurso capaz de hacer percibir la belleza de la *Gioconda* de Leonardo; pero incluso, durante una exposición técnica las diapositivas siguen teniendo la misma función enriquecedora. Se puede aplicar la misma función de apoyo y rapidez a las transparencias que se proyectan en una pizarra luminosa. Cada una puede contener:

— uno o más conceptos clave del discurso acompañados de evidentes signos gráficos; basta con unas pocas palabras esenciales, frases simples, breves, de fácil memorización. Los caracteres del texto deben ser bastante grande;
— tablas de datos y cifras o gráficos que apoyen y demuestren cuanto se ha dicho. Pero recuerde que los gráficos excesivamente elaborados son inútiles porque son difíciles de leer al igual que las tablas muy estructuradas y llenas de números demasiado pequeños.

El orador debe tener cuidado en colocar la pantalla hacia el centro de la habitación. Se puede evitar la deformación trapezoidal de las imágenes comprobando con antelación la inclinación del haz de luz sobre la pantalla.

Se deben numerar y colocar las diapositivas y transparencias por su orden de aparición para evitar confundirse durante la exposición. Es muy útil marcar en el texto guía los números que remiten a las imágenes.

Las transparencias y diapositivas son soportes económicos y fácilmente realizables pero presentan algunas desventajas como provocar la pérdida de importancia del orador y favorecer que el público se distraiga. La sala tiene que estar a oscuras y los oyentes no pueden tomar apuntes; el orador queda en la sombra y se ve obligado a hablar de pie al lado de la pizarra luminosa o a pedir ayuda para que el carro de las diapositivas avance; no es posible exponer un concepto cada vez, descubriendo progresivamente la imagen (el llamado *desnudo de la transparencia*) sin recurrir a recursos rudimentarios.

HE DEJADO A OSCURAS LA SALA PARA QUE SE CONCENTREN MEJOR EN MI DISCURSO... Y NO QUIERO QUE TOMEN APUNTES...

Las cintas de vídeo

También las cintas de vídeo refuerzan y subrayan el tratamiento de un tema. Sin embargo, a menudo no es necesaria la visión completa, bastan algunas secuencias aisladas. Para evitar búsquedas embarazosas, pérdidas de tiempo y caídas en la atención, es conveniente preparar anteriormente la cinta de vídeo, dejándola en el punto de inicio o llevándola al comienzo de la primera secuencia elegida. Apuntar los tiempos y la duración de cada segmento permitirá hacer avanzar la cinta mientras se desarrolla la discusión de las imágenes recién vistas.

El orador introduce la cinta de vídeo explicando brevemente los contenidos e indicando los puntos clave a los que desea que se dedique particular atención. Al final, es conveniente que retome el control del público introduciendo una discusión específica sobre cuanto se ha mostrado, por ejemplo, mediante preguntas preparadas antes para hacer que aparezcan los conceptos básicos ilustrados por la película.

El ordenador portátil

Un ordenador portátil aumenta el valor de una exposición; enriquece los medios expresivos a disposición y potencia su impacto otorgando al mensaje (y como reflejo al orador y a la organización que representa) un elevado grado de profesionalidad.

En lugar de utilizar transparencias que hay que cambiar, esbozos o gráficos dibujados sobre la marcha o tener que pedir que se apaguen y se enciendan las luces de la sala para la proyección de las diapositivas, existen programas específicos que permiten montar una presentación combinando diapositivas, textos, imágenes y sonidos para enriquecer la exposición. Actualmente, las salas para congresos suelen estar dotadas de los correspondientes proyectores que se conectan directamente al ordenador para mostrar al auditorio las distintas pantallas. Basta una visión rápida para controlar las conexiones de salida del ordenador.

Obviamente, al público hay que ahorrarle los diferentes pasos técnicos de apertura del programa abriendo antes el archivo necesario (se puede insertar la función «marcapáginas» para llegar enseguida al punto deseado).

Prescindiendo del efecto visual, ¿qué ventajas prácticas ofrece la memoria electrónica como apoyo de un discurso o de una presentación?

— Una amplia gama de materiales explicativos (diapositivas, textos, imágenes, sonidos, animaciones), todos propuestos a través de un único medio evitando tener que recurrir a varios.
— Una forma cuidada: un organigrama de la estructura productiva empresarial elaborado previamente en la oficina está seguramente más limpio que un esbozo trazado en el momento en una pizarra.
— Uniformidad estilística de todos los materiales presentados, concebidos según un esquema establecido que caracteriza, a través de la homogeneidad estilística y gráfica, a la empresa o el estudio que los lleva a cabo.
— Mejor calidad de visión y seguridad respecto a posibles imprevistos y errores como, por ejemplo, que las transparencias no estén en el orden necesario para la exposición, las diapositivas estén bocabajo...

Material auxiliar

El orador puede considerar oportuno distribuir copias de las transparencias proyectadas, resúmenes o textos de soporte a su intervención (con las páginas numeradas). El material se distribuye al principio de la sesión aunque muchos prefieren entregarlo después de la intervención para evitar que los datos se lean por anticipado, lo que puede distraer al público.

El texto preparado para la exposición no puede coincidir con el del resumen escrito. Este último presenta una forma y unos contenidos específicos para el público aunque el lenguaje y el estilo están más controlados y el conjunto de notas, citas y referencias bibliográficas lo convierten en un instrumento completo de estudio y profundización en el tema.